基于保障公民阅读权利的
图书馆制度研究

刘　鑫◎著

黑龙江大学出版社
HEILONGJIANG UNIVERSITY PRESS
哈尔滨

图书在版编目（CIP）数据

基于保障公民阅读权利的图书馆制度研究 ／ 刘鑫著
. -- 哈尔滨：黑龙江大学出版社，2023.8（2025.4 重印）
ISBN 978-7-5686-0910-4

Ⅰ．①基… Ⅱ．①刘… Ⅲ．①图书馆管理－研究②读
者工作－阅读辅导－研究 Ⅳ．① G251 ② G252.1

中国国家版本馆 CIP 数据核字（2023）第 004003 号

基于保障公民阅读权利的图书馆制度研究
JIYU BAOZHANG GONGMIN YUEDU QUANLI DE TUSHUGUAN ZHIDU YANJIU
刘　鑫　著

责任编辑　陈连生　姜雪南
出版发行　黑龙江大学出版社
地　　址　哈尔滨市南岗区学府三道街 36 号
印　　刷　三河市金兆印刷装订有限公司
开　　本　720 毫米 ×1000 毫米　1/16
印　　张　10
字　　数　172 千
版　　次　2023 年 8 月第 1 版
印　　次　2025 年 4 月第 2 次印刷
书　　号　ISBN 978-7-5686-0910-4
定　　价　49.80 元

本书如有印装错误请与本社联系更换，联系电话：0451-86608666。

前　言

近年来,我国公共文化服务水平不断提高,文化事业蓬勃发展,各地相关部门坚持政府主导、社会参与、重心下移、共建共享、补齐短板、提高效能的原则,打通公共文化服务"最后一公里",满足广大人民群众获取知识信息和阅读的需求成为新时代文化建设领域的重要任务。

图书馆是重要的公共文化设施,它在保障人民群众基本文化权益方面具有重要作用,各地相关部门应着力加强图书馆服务体系建设,建立健全相关管理制度,提高图书馆服务效能,更好地发挥图书馆的功能以及促进图书馆事业健康、有序地发展。图书馆事业对推进科技创新与进步,提高广大人民群众的思想道德素质和科学文化素质,保障公民基本文化权益,促进社会和谐稳定具有重要作用。

本书由绪论、阅读权利与图书馆制度、图书馆保障公民阅读权利的理念与发展方向、图书馆保障公民阅读权利调查分析、保障公民阅读权利的图书馆制度建设和结语等组成。本书具有一定的理论性、实践性和指导性,对从事公共图书馆基础理论研究的学者、图书馆工作人员具有一定的参考价值。

在此书付梓之际,特别感谢我的父母、爱人和女儿。父母对外孙女无微不至的关心、照顾,爱人为我营造舒适清洁的家庭环境,女儿那浅浅的酒窝时刻温暖着我,感谢家人给予我最无私的爱,让我集中精力做学术研究。在撰写本书的过程中,我得到了许多专家、学者的帮助,参考和采纳了很多书籍和论文的研究成果,篇幅所限不一一列出,在此谨向有关作者表示感谢。

受笔者的能力和水平所限,书中难免有疏漏之处,恳请专家和读者批评指正。

刘鑫

2023 年 8 月

目　　录

绪　　论

党的十八大后,中国特色社会主义进入了新时代,现代公共文化服务体系建设也步入快车道。各地各有关部门坚持政府主导、社会参与、重心下移、共建共享、补齐短板、提高效能,打通公共文化服务"最后一公里",满足广大人民群众获取知识信息和阅读需求成为新时代文化建设领域的重要任务。各地各有关部门要更好地推动全民阅读,让阅读成为全民自觉的文化活动。各地各有关部门要更好地保障公民在阅读的同时享有基本的文化权利,让权利意识扎根于图书馆制度,让建设书香中国成为一个传承中华文明、焕发文化青春的伟大实践。

在改革开放40多年的伟大实践中,中国的文化体制改革充分体现出我国社会主义制度的软实力。一个国家治理体系的基础是制度体系,制度体系的关键在于政治制度,而政治制度的灵魂在于民主和法治。公共图书馆制度是国家为保障公民文化权利的公共文化制度,属于文化制度的范畴。图书馆是传承人类文明、传播先进文化、开展社会教育的重要场所,是公共文化服务体系的重要组成部分。随着社会的发展,尤其是改革开放以来,党中央、国务院高度重视图书馆事业的发展,我国逐步建立起国家、省、市、县四级公共图书馆系统。图书馆通过开放公共空间设施场地,开展公益性讲座、培训,提供文献信息查询、借阅服务等,为我国公共文化服务体系和学习型社会的建设做出了重大贡献。中国特色社会主义进入新时代,图书馆肩负新的历史使命与社会责任。图书馆制度研究越来越受到学术界与社会公众的关注,如何构建科学的图书馆制度,图书馆制度如何保障公民的基本阅读权益等都是重要的研究方向。科学的图书馆制度有利于维护社会公平正义,促进社会和谐健康发展。

第一节　研究背景与研究意义

一、研究背景

2016 年 12 月 25 日,第十二届全国人民代表大会常务委员会第二十五次会议通过了《中华人民共和国公共文化服务保障法》,该法对促进公共文化服务体系的标准化与均等化具有重要意义,为维护公民的基本文化权利、满足人民群众不同的精神文化需求提供了必要的法律保障。2017 年 11 月 4 日,第十二届全国人民代表大会常务委员会第三十次会议通过了《中华人民共和国公共图书馆法》(以下简称《公共图书馆法》)。《公共图书馆法》的颁布与实施是公共图书馆事业发展的一个重要里程碑,它对促进图书馆事业快速发展,充分发挥图书馆功能,保障公民基本的文化权利,提高公民科学文化素养和社会文明程度,以及传承人类文明、坚定文化自信有重要意义。

近年来,公共文化服务水平不断提高,文化事业蓬勃发展,公民的基本文化权利受到重视。党和国家高度重视全民阅读,全面推进全民阅读立法工作,地方政府积极倡导、社会力量合力推动、大众读者踊跃参与,全民阅读成为公民生活中的“热词”。图书馆是政府为了保障公民基本阅读权利的一种制度安排,《全民阅读促进条例》是为促进全民阅读,保障公民的基本阅读权利,提高公民的思想道德素质和科学文化素质而制定的条例。

二、研究意义

(一)理论意义

图书馆是重要的公共文化设施,在保障人民群众基本文化权益方面具有重要作用。各地各部门应着力加强图书馆服务体系建设,建立健全相关管理制度,提高图书馆服务效能,更好地发挥图书馆的功能以及促进图书馆事业健康、有序地发展。首先,从自由和平等的角度厘清图书馆制度的含义、结构、特征与原则,明晰公民阅读权利的内涵、范畴以及与图书馆制度的关系。其次,对现阶段我国公民阅读权利的现状、政策、案例进行调查研究,分析我国图书馆制度建设存在的问题,从图书馆运行管理制度、阅读获取权益保障制度、服务保障制度和考核评价制度等方面进一步完善图书馆制度,保障人民群众自由、平等地享有基本阅读权利,进一步明确图书馆的社会责任和历史使命。

(二)实践意义

图书馆事业的发展水平是衡量一个国家或地区文明进步程度的重要指标,它对推进科技创新与进步,提高广大人民群众思想道德素质和科学文化素质,保障公民基本文化权益,促进社会和谐稳定具有重要作用。通过开展全民阅读、保障公民的阅读权利,满足人民群众日益增长的精神文化需求,提高全民阅读素养和社会文明进步程度,建设学习型社会。从普遍意义上看,阅读决定了一个国家国民的道德水平、创新能力、思想境界,甚至反贫困效率。本书旨在对优化图书馆制度,保障公民阅读权利的理念与服务模式进行实证研究,为完善全民阅读推广的体制机制、制度化建设以及加快全民阅读立法进程提供借鉴。

第二节　公民阅读权利国内外研究概况

一、公民阅读权利国内研究概况

(一)公民阅读权利基础理论研究

程亚男认为读者权利属于文化权利的范畴,认为文化权利是公民参与文化和创造文化成果的权利,主要包括受教育权等。2005年,在黑龙江大学举办的中国图书馆学会2005年新年峰会,对"图书馆权利"问题进行深入的探讨,推动了有关图书馆权利的学术研究。2011年,在程焕文等的《图书馆权利研究》一书中,作者主张以读者权利为核心,即读者平等、自由地利用图书馆的权利。程焕文主持完成的"图书馆权利研究"成为我国第一个国家级的专门研究图书馆权利问题的项目。在图书馆为弱势群体开展信息和知识援助服务方面,比较有代表性的是王子舟等人的国家社科基金重点项目"弱势群体知识援助的图书馆新制度建设"的研究成果,还有张靖有关 IFLA、ALA 知识自由声明与政策的相关研究。

(二)公民阅读权利的政策支持

2001 年,全国人大常委会做出批准联合国《经济、社会及文化权利国际公约》的决定,"文化权利"一词得到国家层面的认可。2002 年召开的中共十六大,重申"尊重和保障人权",并将"人民的政治、经济和文化权益得到切实尊重和保障""促进人的全面发展"等内容纳入全面建设小康社会的目标中。湖北、北京、四川相继通过《湖北省公共图书馆条例》《北京市图书馆条例》和《四川省公共图书馆条例》。2008 年,中国图书馆学会发布的《图书馆服务宣言》提出"图书馆以实现和保障公民基本阅读权利为天职"。2006 年,中共中央办公厅、国务院办公厅印发《国家"十一五"时期文化发展规划纲要》,提出完善公共文化服务网络、切实维护低收入和特殊群体的基本文化权益。2016 年,"十三五"规划纲要提到"推动全民阅读",《全民阅读"十三五"时期发展规划》明确了全民阅读工作的指导思想、基本原则和主要目标。2017 年,国务院法制办办务会议审议并原则通过了《全民阅读促进条例(草案)》。深圳、广州、湖北和江苏出台了相应的阅读文件,如《深圳经济特区全民阅读促进条例》《广州市公共图书馆条例》《湖北省全民阅读促进办法》《江苏省人民代表大会常务委员会关于促进全民阅读的决定》。《中华人民共和国公共文化服务保障法》于 2017 年 3 月 1 日起正式施行,为维护人民群众的基本文化权益提供有力的法律支撑,更好地满足人民群众的精神文化需求,丰富人民群众的精神文化生活,为人民群众参加公共文化活动提供更多机会。《公共图书馆法》旨在促进公共图书馆事业的发展,发挥公共图书馆功能,保障公民的基本文化权益,提高公民科学文化素质和社会文明程度,传承人类文明,坚定文化自信。

(三)图书馆为满足公民阅读需求而开展的各类实践研究

许晓霞介绍了阅读促进活动和多元化阅读促进的理念基础,以及多元化阅读促进策略在公共图书馆的实践应用。于良芝、邱冠华等研究图书馆服务体系建设,将理论与实践相结合,把图书馆权利研究从理论推向实践,为图书馆服务体系研究开了个好头。在中国图书馆学会的指导下,全国各级图书馆设计并开展了形式多样、内容丰富的阅读推广活动。很多图书馆为满足公民阅读需求建立了总分馆服务体系,如东莞市推行的城市图书馆总分馆管理模式、苏州图书馆的总分馆体系建设模式、嘉兴市图书馆的总分馆体系建设模式、佛山市图书馆的总分馆体系建设模式等。城市街区 24 小时自助图书馆应用了 RFID 等新技术,促进了"网上借阅""社区投递"等新型服务模式的产生,加快了智慧图书馆的建设与发展。

二、公民阅读权利国外研究概况

(一)国际上关于公民阅读权利的政策支持

联合国教科文组织的《公共图书馆宣言》、美国图书馆协会的《图书馆权利宣言》、第二十一届联合国大会通过的《经济、社会和文化权利国际公约》与《公民权利和政治权利国际公约》、国际图书馆协会联合会发布的《图书馆、信息服务机构与知识自由格拉斯哥宣言》、日本图书馆协会颁布的《图书馆知识自由声明》《少年儿童读书活动推进法》、韩国的《阅读文化振兴法》等都有保障公民阅读权利的表述,以确保每个人都能有效地获得优质的教育和信息。

(二)有关弱势群体服务的研究

巴克兰等人认为图书馆的发展趋势是建立公共图书馆和学术图书馆,可供盲人和其他视觉受影响的人使用。格雷格·摩根提到,新西兰皇家盲人基金会将录音带上的有声读物借给盲人和视力障碍的人,并通过提供会员使用的材料来改善阅读体验和扩大阅读范围。斯蒂芬妮·马塔和劳里·J.邦尼西的研究,为有阅读障碍的用户提供有关电子阅读器可用性的数据,并提出在图书馆和教育环境中采用电子阅读器的建议。非洲的"乡村图书馆运动",其主要目标是支持阅读文化的发展。

（三）有关图书馆阅读促进、阅读调查以及阅读评估的研究

图书馆已将"读者发展"作为其服务的一项主要内容,如以色列的图书馆阅读服务,该研究探讨了以色列人的阅读习惯,影响阅读习惯的社会因素是教育的普及、移民的文化适应、公共图书馆网络的建立。齐克和凯思琳对美国年轻人的阅读习惯和利用图书馆情况进行了调查研究,报告显示,超过八成的16岁到29岁的美国人读过一本书,有六成的美国人使用过当地的公共图书馆。

第三节　图书馆制度国内外研究概况

一、图书馆制度国内研究概况

在国内,刘国钧是"图书馆是一种制度"的最早提出者和阐发者。在《美国公共图书馆之精神》中也有一句话:"公共图书馆者,公共教育制度中之一部也。"20世纪90年代末,黄纯元先生在《追问图书馆的本质——对知识交流论的再思考》一文中,用"制度""组织""文化"等词来表述图书馆的制度属性。在中国学术期刊全文数据库中,以篇名"图书馆制度"为检索条件,共检索到169篇相关论文(检索时间为2019年1月)。按论文分布时间来看,1994年开始发表有关图书馆制度的文章。接下来,每年发表的图书馆制度的论文数量趋于平缓,且数量不多。2006年至2008年,有关图书馆制度的论文数量较多,尤其是2008年,共公开发表23篇有关图书馆制度的论文。2014年至2018年,公开发表的有关图书馆制度的论文数量呈递减趋势。

从论文作者发表文章数量和论文作者所在单位的角度分析,在笔者统计的与"图书馆制度"相关的169篇文章中,蒋永福教授发文最多,共发表了8篇有关图书馆制度的文章。

根据图书馆制度研究论文的关键词进行聚类分析,图书馆制度的研究主题主要集中在图书馆制度的基础理论研究、图书馆制度建设研究、图书馆制度文化研究以及制度创新研究等方面。因此,国内图书馆制度的相关研究可以归纳

为以下几个方面。

（一）图书馆制度的基础理论研究

图书馆制度的基础理论研究包括图书馆制度的含义、种类、属性、功能等。黄宗忠认为，图书馆制度主要指要求全体图书馆人员与读者（用户）运行、利用图书馆必须共同遵守的办事规程与行动准则，它具有时代性、继承性、实践性、发展性、稳定性和专业性的特征。图书馆制度可以根据作用、适用范围、内容性质、形式、发展与工作流程等标准进行分类。黄宗忠指出，创新公共图书馆制度要以科学发展观为指导，充分体现公共图书馆的公共性、公益性、开放性、群众性，以"读者为本"，全心全意为读者服务，遵循"图书馆学五定律"，还要以服务制度创新为先导，带动公共图书馆制度的全面创新。蒋永福认为，图书馆制度属于文化制度范畴，是国家为了满足公民的科学、文化、教育、娱乐等权利而做出的一种制度安排，从制度的层次结构来看，图书馆制度分为宏观（国家层面）、中观（行业层面）和微观（机构层面）三个层次。丁玉霞认为，图书馆需要遵循整体性、层次性、可行性等创新原则，坚持以人为本的图书馆制度建设理念，从宏观制度（国家）、中观制度（图书馆协会）、微观制度（各个图书馆）三个层面加大图书馆制度的供给力度。

（二）图书馆制度的核心价值研究

图书馆制度的核心价值研究包括信息公平、信息权利、知识自由、以人为本、知识援助等服务研究。蒋永福从知识自由、信息权利、信息公平、信息能力平等、技术、政府等多维度综合阐述图书馆制度的核心价值。他指出，图书馆是保障公民的知识自由权利、知识平等权利、社会信息公平权利、知识共享权利的社会保障制度。图书馆的公共产品属性决定了政府提供公共图书馆制度的正义性与合法性，它的高度正外部性决定了政府作为公共图书馆投资主体的正当性。范并思提出，公共图书馆不但是一种社会机构，而且是一种社会制度，它代表的是一种社会调节，知识或信息的分配，以实现社会知识和信息保障的制度。公共图书馆制度能够保障公民获取社会信息，保障公民求知的自由和权利。郭普安和高波提出图书馆弱势群体知识援助制度建设的观点，要在公平制度下提升图书馆知识援助的管理理念。王关锁与欧兆虎提出"以人为本"，构建图书馆制度,"以人为本"的思想具体到图书馆制度建设中要遵循"以读者为中心"和"以馆员为主体"这两个基本原则。

(三)关于图书馆制度文化和制度建设的相关研究

施强认为,图书馆制度文化既是图书馆物质文化的工具,又是精神文化的组成部分,构成了图书馆人行为与活动的习惯规则。王宗可从微观角度分析图书馆制度文化系统中的五要素,分别是中心要素、催化要素、物质化要素、品质化要素和习俗化要素。郑丽娟认为,图书馆制度文化具有时代性、自觉性、约束性、激励性、社会性和群体性等特征,依据激励性原则、参与原则、公平性原则、创新性原则以及个体与整体兼顾原则,构建具有奖励机制、创新服务理念、用藏结合和技术保障的图书馆制度文化。

在图书馆制度建设研究中,主要包括资源配置与法制化策略。雷云提出图书馆制度资源体系构建及优化配置的观点,认为制度资源有四种优化配置方式,分别是纵向继承性配置方式、横向移植性配置方式、融合杂交性配置方式和综合创新性配置方式。陈传夫提出图书馆制度建设的法制化策略的观点,以现行法律为依据,以图书馆制度保障的不足为切入点,即赋予图书馆在科学、教育文化体系建设中的法律地位,从公益原则出发,协调图书馆立法立场,坚持基础建设与创新发展相协调的立法目标,遵循协调原则,平衡法律利益关系和以地方立法为基础,加快图书馆单行法的立法进程。

(四)以经济学、伦理学等角度研究图书馆制度

王株梅从公共经济学角度研究图书馆制度,她认为图书馆作为信息管理和交流系统,是国家为实现公民的基本权利以及社会权利而建立的公共产品,公民能够自由、平等地获取知识和接受教育,从而促进社会公平正义。于良芝从信息政治经济学的角度观察公共图书馆制度,她认为公共图书馆是信息公益性的象征,是免费向所有社会成员开放的机构。陈琳从公平与效率的角度分析公共图书馆制度,她认为公共图书馆制度的核心目标是信息公平,同时也要具备相应的效率,即图书馆制度绩效,包括宏观绩效(服务的普遍均等程度)和微观绩效(服务受众的满意程度)。

二、图书馆制度国外研究概况

皮尔斯·巴特勒在其 1933 年所著的《图书馆学导论》中,把图书馆视为一种社会制度。洛厄克·马丁在《美国公共图书馆之为社会制度》中,把美国公共图书馆直接称为社会制度。国外图书馆制度的相关研究大致可以归纳为以下三个方面。

(一)对图书馆核心价值的阐释

学术界一般将印度图书馆学家阮冈纳赞的"图书馆学五定律"作为图书馆价值研究的起源,将美国著名图书馆学家 J. H. 谢拉的社会认识论作为理论基础。1998 年,理查德·罗宾在《图书馆情报科学基础》中设置专门章节"从过去到现在,图书馆使命及其价值",论述图书馆职业价值。亨利·科恩和玛丽·米诺在《图书馆知识自由:过去与现在》中研究比较了图书馆在不同时期的知识自由状况。斯图尔特·汉纳布斯以道德的视角阐述处理信息的专业人员面临特别的挑战,因为信息通常被视为一种公共物品,作为自由社会的一部分,每个人都可以免费获得。美国图书馆协会(简称 ALA)、澳大利亚图书馆和信息协会(简称 ALIA)、加拿大图书馆联合会(简称 CLA)指定的服务制度包括读者可公平获取信息、保障读者隐私权、民主等,这些服务制度反映了图书馆追求的主要服务价值。

(二)图书馆促进社会包容,肩负社会责任和使命的相关研究

薇姬·拉瓦指出,尼日利亚公共图书馆在面对国内流离失所者的社会排斥时具有重要作用,图书馆根据流离失所者的信息需求,给予他们必要的指导性意见。明尼苏达大学双城图书馆利用数据来研究,探索如何将图书馆服务的使用与个人账户相匹配,保护用户隐私,以确定谁曾经使用过图书馆,谁没有使用过图书馆。

(三)数字化和自动化的图书馆管理模式研究

萨哈伊等人的研究成果表明,在数字化和自动化的时代,可以提出一个自

动化和创新的图像检索图书馆管理系统,重点是利用光学字符识别技术,通过搜索算法,得到一个能够识别和定位图书馆中图书的系统。诺瓦和列夫琴科明确了资源管理的概念,提出资源管理的功能,并对科研院所数字图书馆资源管理的结构组成进行了研究,提出科研院所数字图书馆资源管理的模型。

第四节　阅读权利与图书馆制度研究概况

目前,国内关于图书馆制度建设与公民阅读权利保障的研究尚存在不足。主要表现为:

其一,从历史层面上看,基于公民阅读权利保障的图书馆制度建设研究缺乏研究成果。现阶段,图书馆制度研究仅围绕核心价值、社会包容、制度文化等方面展开,研究内容相对单一。图书馆制度建设与公民阅读权利相结合的研究成果稍显不足,以知识自由、信息公平和图书馆权利等理论为视角的研究较欠缺。

其二,公民阅读权利的内涵表述不清。在实际的操作中,我们很难定义公民阅读权利。从现有研究来看,读者权利、图书馆权利和公民阅读权利的界定不清楚,要对公民阅读权利与阅读相关的权利进行必要的界定和区分。

其三,图书馆制度建设的研究目标不明确,缺乏保障体系的构建研究,缺乏顶层设计的对策研究。读者的知情权和隐私权存在尚未完善的地方。针对目前国内基于公民阅读权利保障的图书馆制度建设研究还不成熟,本书以知识自由、图书馆权利、社会公正论和公共产品等理论为研究基础,对现阶段图书馆制度建设和公民阅读现状进行调查研究,并借鉴国外保障公民阅读权利的图书馆制度建设,提出具有针对性的图书馆制度保障机制。

第五节　研究目标和研究方法

一、研究目标

图书馆是公共文化产品,具有非排他性和非竞争性,是知识自由和信息公平的保障性社会制度。图书馆制度建设的主要目标是以知识自由、信息公平、图书馆权利等理论为基础,以《公共图书馆法》为依据,构建保障公民基本阅读权利的制度机制。本研究以到馆读者和图书馆馆员为考察对象,对其基本阅读权利进行调研,分析现有制度机制在保障公民阅读权利方面存在的问题以及问题的根源,揭示制约图书馆事业发展的制度瓶颈,明确图书馆在保障公民阅读权利、维护社会公平正义方面需要多途径的制度机制。在法治环境下,研究图书馆制度的运行管理制度、权益获取保障制度、服务保障制度、监督评价制度等,力图为构建普遍均等的图书馆服务体系提出可行的制度框架,并为公民基本阅读权利提供必要的图书馆制度保障。

二、研究方法

本书主要采用概念分析法、文献研究法、问卷调查法、实证研究法和比较研究法等研究方法。在论证图书馆制度的内涵、结构、特征与原则,以及明确公民阅读权利的范畴、特征、主要内容与图书馆制度的关系等内容时,使用概念分析法和文献研究法。在调研国内阅读权利现状和图书馆保障公民阅读权利情况时,使用问卷调查法和比较研究法。在论证完善我国保障公民阅读权利的图书馆制度创新机制时,使用实证研究法。

第一章　阅读权利与图书馆制度

我们正处于知识经济飞速发展的时代,这也是一个提倡文化阅读、主张文化权利的信息时代。在这样的时代背景下,我们获取知识和信息的基本途径就是阅读。阅读是人类自我发展和传承文明的重要途径,是人类文化生活的重要组成部分,它能丰富我们的精神世界,让我们感到愉悦,这种愉悦来源于人们对知识的渴望。罗素说:"知识是使人类快乐的主要因素之一。"人们学习知识的快乐不是物质欲望得到满足的自然性的快感,而是人们对社会、自然、历史、人生的洞见所获得的精神愉悦。

2006年以来,在中央宣传部、中央文明办、新闻出版总署、教育部、共青团中央、全国总工会、全国妇联的共同倡导下,人们积极开展全民阅读活动。早在2013年全国两会期间,全国政协委员、新闻出版总署副署长邬书林就提交提案,建议把全民阅读上升为国家战略。2014年,全民阅读第一次写入政府工作报告,截止到2022年末,已连续9次写入政府工作报告。随着《中华人民共和国公共文化服务保障法》《全民阅读"十三五"时期发展规划》《公共图书馆法》等与全民阅读有关的法律法规的颁布与实施,深圳、上海、江苏、辽宁等地也相继出台并实施保障公民阅读权益的法规。目前,我国国民的阅读情况还有较大的改善空间。2022年4月23日,中国新闻出版研究院发布第十九次全国国民阅读调查报告。调查显示,2021年,我国成年国民各媒介综合阅读率持续稳定增长。2021年,我国成年国民包括书报刊和数字出版物在内的各种媒介的综合阅读率为81.6%,较2020年提升了0.3个百分点,保持稳定增长。2021年,我国成年国民图书阅读率为59.7%,较2020年的59.5%增长了0.2个百分点;报纸阅读率为24.6%,较2020年的25.5%下降了0.9个百分点;期刊阅读率为18.4%,较2020年的18.7%下降了0.3个百分点;数字化阅读方式(网络在线阅读、手机阅读、电子阅读等）的接触率为 79.6%，较 2020 年的 79.4% 增长了 0.2 个百分点。2021 年，我国成年国民的人均纸质图书阅读量为 4.76 本，电子书阅读量为 3.3 本，均较上一年有所提升。我国人均阅读量增长缓慢也提示我们，良好的阅读习惯的形成需要每个人的坚持与努力，保障公民的阅读权利是图书馆的核心工作。

第一节　阅读

阅读是人类接受教育、发展智力、获得知识信息的最根本途径。读书能涵养一个民族的精气神。中国科学院院士潘际銮先生认为，阅读问题是一个值得社会关注的大问题，只有创造有利于阅读的环境和氛围，才能激发人们阅读的兴趣，而这种兴趣往往能够孕育出大的发明和创造。

一、阅读的内涵

阅读是公民最基本的文化权益。学者刘梦溪说："阅读是个体生命的提升，更牵系到一个民族文化品格的塑造。"曾祥芹将阅读分为客体、主体、本体。阅读客体是指阅读对象、阅读环境、阅读时间。阅读活动不仅是读者和读物的闭合系统，而且是读者在一定的环境中、在一定的时间内，与作者进行交往的开放系统。阅读工具只是读者和读物建立联系的中介。阅读主体研究是指对从事阅读活动的人进行研究，相关的理论有阅读生理论、阅读心理论等，主要包括读者的素质类别、生理机制、心理动力、智力技能、创造品格等方面。阅读，作为人脑的物质活动，必有其生理机制；作为复杂的精神活动，必有其心理动程；作为求知、开智、立德、审美的手段，必有其智力操作技能；作为改造主客观世界的行为，必有其生产、创造的潜能。阅读本体研究就是研究阅读这一行为，主要包括阅读的本质、价值、分类、选择、训练等方面。阅读是阅读主体（读者）与文本相互影响的过程，这里所说的"文本"在网络时代具有很丰富和复杂的意义，一方面让阅读的面目变得模糊、不易察觉，另一方面，阅读的内涵和外延都得到扩展，知识的积累充满了多种可能性。

"阅读"是一个中性概念,阅读行为是一种客观行为,本身并无好坏之分。阅读需要政府提供有益的阅读内容,倡导积极健康的阅读行为。阅读对国家文化水平的意义主要体现在阅读主体上,即读者身上,读者所具备的阅读能力是知识和技能的体现,是文化的标志和象征。恩格斯指出,社会上一旦有技术上的需要,则这种需要就会比十所大学更能把科学推向前进。阅读是一个复杂的过程,从不认识字到成为一个成熟的阅读者,是一个人动态的发展过程。阅读者尽可能地从书面文本中获取所需要的信息,并在一定程度上重构信息,是个人与符号信息最深层次的交互,因此,阅读的过程也就成为各项能力相互衔接和融合的过程。

从大脑以及认知神经科学的角度上说,阅读是人脑所特有的一种高级功能。阅读不是大脑单一区域能处理的,从人类的演化来看,阅读是人们较晚才学会的,所以学习的时候会涉及已有的大脑区块。科学界认为,阅读是利用大脑原有的结构基础,在负责视觉、语言、记忆、基本认知等最精妙的"原始部件"间建立联系,形成"阅读通路"。随着时间的推移,在"阅读通路"中将增加更复杂的认知特点,这会对人的推理、类比推理、批判性分析思维、情绪反映以及发明创造产生影响,达到"深入阅读"的能力。玛丽安娜·沃尔夫将阅读者分为五种类型:萌芽级、初级、解码级、流畅级和专家级。《如何阅读一本书》中将阅读分为四个层次:基础阅读、检视阅读、分析阅读、主题阅读。琼·金迪格认为,阅读由五部分组成,分别是语音意识、语音、流利性、理解和词汇发展。她还提出了图书馆媒体中心阅读标准,分别是读书谈话、读很多书、找到合适的书和策略工作。蒙哥马利提出阅读所需的学习技能,分别是事实信息、视觉识别、原则和概念、程序、知觉运动技能和态度以及观点发展。

二、阅读的外延

阅读的外延主要体现在阅读推广和数字阅读两个方面。从图书馆的发展和图书馆学的学科建设出发,不少专家、学者对图书馆阅读推广(也称阅读促进)进行界定,以明确其目的、职能、边界和途径。范并思认为,阅读推广除了提高图书馆的服务指标外,还可以有引导、训练、帮助、服务四个目标,前三个目标是服务于阅读困难人群,帮助缺乏阅读意愿的人爱上阅读,帮助阅读能力不强的人学会阅读,帮助阅读有困难的人克服阅读的困难。王波认为,图书馆阅读推广是指图书馆通过精心创意、策划,将读者的注意力从海量馆藏引导到小范围的有吸引力的馆藏,以提高馆藏的流通量和利用率的活动。张怀涛认为,阅读推广就是推广阅读,简言之,就是社会组织或个人为促进人们阅读而开展的相关活动,也就是将有益于个人和社会的阅读活动推而广之。具体来说,就是社会或个人为促进阅读这一人类独有的活动,采用相应的途径和方式,扩展阅读的作用范围,增强阅读的影响力,使人们更愿意、更有条件参与阅读的文化活动和事业。于良芝认为,阅读推广主要是以培养人们一般阅读习惯或特定阅读兴趣为目标而开展的图书宣传推介活动或读者活动。

数字阅读从广义上来说是指阅读的数字化,一般是指阅读对象的数字化和阅读方式的数字化,即将阅读内容通过数字化的方式呈现,如电子图书、电子期刊、电子报纸、数码照片、网页等。或者将阅读载体、终端、出版方式以及阅读推广模式进行数字化,如移动客户端、移动阅读推广、移动数字阅读等。从狭义的角度来说,数字阅读是指移动化的阅读载体,也就是通过移动载体或移动终端来进行阅读的一种方式。与传统阅读相比,数字阅读不受时间和空间的限制,阅读客体的共享度比较高。在跨文化的阅读方式进入全新时代后,多元文化的整合与交流变得越来越便利,人们利用网络搜索技术获取阅读资源,一切都变得非常简单易行。人们采用灵活的阅读方式在快速浏览、快速查询文本时,翻阅、批注也更迅捷。数字阅读具有非线性、超文本的特点,人们的阅读途径得到拓展,特别是在网络环境下,阅读在万物互联中进行,具有无限的、潜在的知识与信息。在自媒体时代,每个人都可以便利地发表观点,人们的阅读客体由专门机构发布变为独立个体发布。阅读载体呈现出移动化趋势,各种阅读载体重量轻,可以存储很多文本。阅读载体的移动化趋势主要表现在以下几个方面:

(一)移动新闻客户端

经过 Web 2.0 网络变革后,人类社会进入了移动互联时代,手机阅读也发生了重大的变革。从 2009 年开始,一些门户网站纷纷抢占移动新闻客户端的市场份额。随之而来的"浅阅读"现象逐渐引起了学者们的关注,如蔡骐对浅阅读现象进行了再思考,指出浅阅读的盛行将有利于推动媒介融合的进程、个性化定制经济的形成,并阐述了从浅阅读到深阅读的可能性。再往后,传统纸媒异军突起,新闻媒体纷纷打造自己的微阅读服务,包括新闻客户端、微信公众号、微博认证账号、移动网页等。传统纸媒在新闻客户端的快速发展,引起了人们对数字化转型和媒介融合的关注。

(二)移动阅读终端

HTML5 和 CSS3 等移动 Web 标准规范的发布,促进了移动终端支持富媒体浏览、跨终端交互等功能的发展,并对数字出版、用户需求、移动阅读服务产生了直接影响。随着 Web 标准和移动互联网技术的迅速发展,移动阅读的主要载体——手机、平板电脑、电子阅读器这三大移动终端引起了学者们的广泛关注,学者们重点对移动阅读终端的性能、效益评价、发展趋势等方面进行了分析和实证研究。白燕燕认为,要解决移动阅读终端性能的问题,应该从硬件和软件两方面入手。硬件方面应尽快解决我国无线网络带宽过窄的问题,在软件方面应不断完善阅读器的性能,制定统一的阅读文件标准,更有利于资源的共享。汤天甜等学者认为,人工智能技术也在不断进步,可穿戴设备、智能机器人、智能汽车等产品或将成为移动阅读的新终端。

(三)移动阅读推广

在社交网络日渐成熟和全民阅读蓬勃发展的背景下,移动阅读推广的发文量逐渐增加。移动阅读推广主要的发起者包括政府、图书馆、学校、出版发行系统、社区等。已有研究成果中的移动阅读推广主体主要是高校图书馆和公共图书馆。刘亚从社会化阅读的视角,从内容、模式、线上线下结合、社交化和网络阅读社区以及差异化竞争力几个方面提出了移动互联时代大学图书馆阅读推广策略。杨文建提出了图书馆应降低用户使用成本、加强社会化合作、授权第三方进行版权管理、加大移动设备前置处理力度、多渠道完善个性化服务等一系列移动阅读推广措施。张泸月利用社会网络分析法对参与高校移动阅读推广活动的 41 位成员的交互行为进行分析,并指出推广人员深度介入阅读交互,与"核心成员"共建扁平化的推广团队,引导凝聚子群建设将是促进读者深度阅读的有效策略。

(四)移动图书馆

利用移动图书馆开展信息服务、阅读服务的主体单位从最初的高校图书馆逐渐扩展到公共图书馆、档案馆、教学部门等。随着移动通信、5G、云计算、大数据等技术的发展,移动图书馆的功能、资源内容会不断丰富,移动阅读服务逐渐成为移动图书馆信息服务的重要形式。茆意宏等学者从阅读寻求行为角度对我国移动互联网用户的阅读行为进行了实证分析,提出随着移动图书馆服务的普及,应加强开发与优化移动阅读服务系统。王琦等学者归纳了影响图书馆移动阅读服务利用率的因素,并提出从尊重用户信息行为规律、图书馆信息推送、技术支持等方面提升图书馆移动阅读利用率。赵文军等学者从认知维度、社会维度以及情感维度分析移动阅读用户的心理特征,并阐述了移动阅读服务持续使用意向的发生原理。

(五)移动数字出版

随着人们移动阅读习惯的改变和移动阅读需求的增加,移动出版逐渐成为数字出版发展的新趋势。手机阅读成为数字阅读市场的中坚力量,出版社要做好手机阅读业务,完成数字化转型,应该以版权规范为前提,实现资源数字化、管理系统化、内容产品化、运营灵活化。一些学者认为,中国期刊业数字出版将出现四大发展趋势:移动数字期刊市场持续快速增长、数字期刊将进行内容变革、期刊数字出版的营利模式逐步清晰并将进一步拓展、期刊的印刷版与数字版将长期存在。出版业 APP 的开发也属于数字出版的过程,国内学术期刊、科技期刊的 APP 处于初级发展阶段,数量较少,研究主要集中在 APP 的制作方法、栏目设计、页面功能等方面。

三、阅读的意义

全民阅读是提高国民素质的有效途径,人们通过阅读缔造精神家园。

首先,阅读本身就是一种审美旅行。我们在书海中自由驰骋,进入一个非现实的理想世界,在这个世界里享受阅读带来的自由与快乐。林语堂在《读书的艺术》中讲到:"没有养成读书习惯的人,以时间和空间而言,是受着他眼前的世界所禁锢的。他的生活是机械化的,刻板的;他只跟几个朋友和相识者接触谈话,他只看见他周遭所发生的事情。他在这个监狱里是逃不出去的。可是当他拿起一本书的时候,他立刻走进一个不同的世界;如果那是一本好书,他便立刻接触到世界上一个最健谈的人……这么一种环境的改变,由心理上的影响说来,是和旅行一样的。"①

其次,阅读是一种积极向上的社会活动。相对于其他的社会活动,阅读不仅能让人们快乐,还可以丰富人们的生活,它可以激发人的潜能,让人保持积极进取、向上的心态。阅读可以增进文化交流,改善人的心理。

再次,阅读是知识获取、知识传承和知识创新的重要手段。我们可以通过阅读提升个人的综合能力和综合水平,有效地实现个人的健康成长与自我发展。从知识获取的角度来看,阅读是一种复杂的心智活动。美国阅读学专家M. A. 澄克经研究分析指出:"在极大多数情况下,阅读时用于眼睛移动仅占时间的5%,其余95%的时间则用于思维。②"从知识传承的角度来看,阅读具有社会传播功能。从纵向的历史角度讲,书卷是帮助我们感知过去的唯一方法,又是帮助我们理解未知领域的关键。通过阅读,我们可以将沉寂的文字转换成丰富多彩的形象。阅读是人类社会传播文化的重要手段,是文化传承的重要途径。从横向的空间角度来看,阅读是作者与读者之间的对话(交际或交流),作品的思想观点或知识内容通过阅读在社会上传播,形成社会风尚,进而渗透到人们的日常生活。人类智慧在这种纵向和横向的传播中延续、扩展和创新。从知识创新的角度来看,人在阅读的过程中能最大限度地获取新的知识,解决疑难问题,"书犹药也,善读可以医愚"。阅读可以激发人的想象力,人的想象力与背景知识有关。阅读可以帮助人们增加信息储备、汲取前人的经验教训、了解研究空白,为我们提供丰富的背景知识。

总之,阅读是帮助人提升人生境界和学习独立思考的一种方法,可以帮助人建立独立思维能力、完善自我。

---

① 师永波:《中华经典晨读》,电子科技大学出版社2020年版,第107页。
② 叶瑞祥:《对学习概念的新认识》,载《韩山师范学院学报》1995年第4期。

四、阅读的特性

人们的阅读活动和阅读过程会受到社会环境、政治制度、经济基础、法律知识、文化素养、价值观念等因素的制约,阅读载体的变化会改变人们的阅读行为,出版方式和图书馆形态也会对人们的阅读行为产生影响。

首先,阅读具有个性化。阅读是一种私人行为,也是一种生活方式。阅读本身是人认识图书内容的过程,是一种普遍现象。对阅读者而言,影响他阅读的内部动力是阅读心理,主要包括一个人的阅读动机、阅读需求、阅读内容、阅读兴趣、阅读目的、理解能力等多方面的因素。阅读者对图书的选择以及阅读图书后的感受都具有个性化特征,甚至具有私密性。从这个意义上来说,我们每个人都有属于自己的一部阅读史。

其次,阅读具有传承性。人类历史是知识积淀、存储、传播和创新的发展过程。一个民族、一个国家的阅读传统和阅读价值取向对该民族和国家中的每个阅读者都有很大的影响。自从书籍出现以后,人们从未间断过对阅读的相关研究。

再次,阅读具有社会性。人类社会需要全民阅读,这种阅读的生活化、社会化,正是劳动"智化"程度和生活"文化"程度日益高涨的标志,工作中的"业务阅读"和闲暇中的"业余阅读"丰富了人们的精神文化生活。曾祥芹教授指出,阅读是学习之母,阅读是教育之本,阅读是生产之力,阅读是治国之术,强民之法。阅读是人类精神文化的凝聚,个人阅读的丰富性最终要融入社会。阅读的社会性是人与人之间的沟通与交往,是对人类社会精神文化的抒写,也是对人类文化历史的传承。

阅读是自由的,但人们也不能一味地追求阅读的个性化。阅读是公民的一项基本的文化权利,保障公民平等、自由地获取阅读资源以及开展丰富多彩的阅读推广活动是政府不可推卸的责任。不同的阅读者有不同的阅读需求,形成了不同的阅读群体。

第二节　阅读权利

一、公民阅读权利的界定

现代意义上的"权利"概念源于清末在华传教士丁韪良等人的译著《万国公法》。在我国,宪法权利是民主法治国家公民享有的基本权利。依据中国宪法文本和宪法修正案文本,"基本权利"是指经由中国宪法文本之确认而得以实证化、法定化的各种"权利形态",如"平等权""人身自由权"等。《中华人民共和国宪法》(以下简称《宪法》)专设第二章"公民的基本权利和义务",即以"公民"作为基本权利的一般主体,自当享有所有的宪法权利内容。《宪法》第三十三条规定:"凡具有中华人民共和国国籍的人都是中华人民共和国公民。"公民,即"具有一国国籍的自然人"。公民应具有权利意识和自主意识。《宪法》第四十二条至第四十七条主要对"劳动权""社会保障权""受教育权"和"科学、艺术创作自由权"等文化权利进行规定。阅读权利属于精神自由的范畴,阅读权利是公民最基本的文化权利,为了满足人们日益增长的精神文化需求,图书馆应从制度层面保障公民的阅读权利,以提升公民整体阅读能力和阅读水平。

阅读就如同呼吸一样,是人们生活中不可或缺的一部分,它是人们通过文字符号进行的一种特殊的交际方式,阅读的过程是阅读者以文字材料作为交互媒介,利用自身的各项能力衔接、融合和重构文字的社会现象。全民阅读概念的产生与公民阅读权利密切相关。笔者认为,公民的阅读权利是指阅读主体在图书馆获取阅读资源时,所享有的不受时间和空间限制的、自由平等的文化权利。

二、公民阅读权利的内容

(一)图书馆使用权利

图书馆使用权利是公民实现阅读权利的基础,图书馆的建设是保障公民阅读权利顺利实现的前提。《公共图书馆法》规定,县级以上地方人民政府应当根据本行政区域内人口数量、人口分布、环境和交通条件等因素,因地制宜确定公共图书馆的数量、规模、结构和分布,加强固定馆舍和流动服务设施、自助服务设施建设。政府设立的公共图书馆应当设置少年儿童阅览区域,根据少年儿童的特点配备相应的专业人员,开展面向少年儿童的阅读指导和社会教育活动,并为学校开展有关课外活动提供支持。有条件的地区可以单独设立少年儿童图书馆。政府设立的公共图书馆应当考虑老年人、残疾人等群体的特点,积极创造条件,提供适合其需要的文献信息、无障碍设施设备和服务等。可以看出,《公共图书馆法》既规定了公共图书馆服务网络建设的责任主体——政府,又规定了权利主体类型,即健康的成年人、未成年人、老年人以及残疾人等弱势群体,并提供适合各类人群的文献信息、无障碍设施和服务等。这种规定既是对各级政府的要求,也是公民阅读权利的一种体现。《中华人民共和国 2021 年国民经济和社会发展统计公报》的数据显示,截至 2021 年底,全国共有公共图书馆 3217 个,总流通 72898 万人次(总流通人次是指本年度内到图书馆场馆接受图书馆服务的总人次,包括借阅书刊、咨询问题以及参加各类读者活动等)。根据 2021 年第七次全国人口普查数据,全国人口共 141178 万人,平均 43.9 万人才有一座公共图书馆,这一结果与国际图联颁布的《公共图书馆标准》——每 5 万人应该有一座公共图书馆的差距很大,县级以上各级人民政府应加大力度建设公共文化设施。

（二）读者安全权利

图书馆是保存、组织、流转社会知识的文化中心,它可以为人们提供专业的服务,满足人民群众日益增长的精神文化需求。图书馆肩负着传承文化的重要责任和历史使命。图书馆的非排他性、非竞争性、非功利性的制度安排,具有在社会"第三空间"(美国地理学家爱德华·W.索亚在其 1996 年出版的《第三空间》一书中提出,第三空间是不同于物理空间和精神空间的新空间)自由、平等地获取信息资源、提供服务的特点,已成为市民的第二起居室。图书馆是一个对外开放的公共区域,它应该为读者的人身、财产和信息安全提供必要的保障。《公共图书馆法》规定,设立公共图书馆应具备安全保障设施、制度及应急预案,公共图书馆不得从事或者允许其他组织、个人在馆内从事危害国家安全、损害社会公共利益和其他违反法律法规的活动。公共图书馆应当妥善保护读者的个人信息、借阅信息以及其他可能涉及读者隐私的信息,不得出售或者以其他方式非法向他人提供读者的个人信息。首先,为了保障公共文化设施和公众活动的安全性,政府在设立公共图书馆的同时,要制定相应的安全管理制度,图书馆的基础设施要达到相应的安全标准,不能损害读者的安全权利。公共图书馆要配备相应的安全保障设施和人员,为公众提供安全的阅读环境,对违反安全规定的读者进行劝阻,保证图书馆正常运转。其次,读者的信息保护是图书馆必须重点关注的方面。读者的个人信息、借阅信息以及其他可能涉及读者隐私的信息应当受到法律保护。图书馆应当建立读者信息保护制度,采取措施,妥善地保护读者信息,防止读者信息泄露、被出售和被盗等。图书馆在获取读者的姓名、年龄、身份证号码、联系方式、职务、学历、民族、婚姻状况、职业等个人信息后,只能将这些信息用在管理和服务上,未经读者允许,不得擅自做他用,更不能出售或以其他方式透露给他人。

（三）公共信息获取权利

公共信息获取权利可以概括为一个国家或地区的社会公众根据自身的信息需求,采取多种途径获取社会组织在公共管理活动中产生的各种信息的过程。公共信息获取权利是公民阅读权利的核心,它主要体现在以下几个方面:一是读者可以利用图书馆免费获取文献信息资源。二是读者可以免费使用图书馆的公共设施、场地。三是对有条件的图书馆,读者可以要求其免费提供参考咨询服务。四是对政府设立的图书馆,读者享有免费参加其举办的公益性讲座、培训、展览等阅读推广活动的权利。五是读者可以获取图书馆通过流动站、流动车或自助服务设施提供的流动服务的权利。六是读者可以从政府设立的图书馆获取数字阅读服务的权利。七是读者有获取图书馆阅读指导的权利。

（四）受教育权利

公民的受教育权利主要体现在图书馆的社会教育职能方面。《公共图书馆法》规定,公共图书馆是指向社会公众免费开放,收集、整理、保存文献信息并提供查询、借阅及相关服务,开展社会教育的公共文化设施。公共图书馆作为人民的终身学校,是学校教育的必要补充,是公民终身受教育权利的一种保障制度,即保障公民自由地接受知识和获取知识权利的制度安排。公民在公共图书馆接受的教育方式,不会受到年龄、种族、性别、区域等限制。公共图书馆不仅可以对公众进行思想道德教育,宣传社会主义道德理念,还可以为公民提供职业专技教育。公共图书馆不仅可以保障老年读者的知识休闲权利,让他们"老有所乐",还可以为年轻人创造学习条件,更新知识,达到创新教育的目的,推动社会发展。公共图书馆是知识传播、继续教育和终身教育的基地,担负了很多的社会教育功能,保障公民阅读权利是实现公民受教育权利的重要前提,所以实现公民受教育权利的主要因素是保证公民的受教育条件和受教育机会,并通过监督审查机制培养公民自觉维护受教育权利的意识。

公民阅读权利研究受到学者们的广泛关注,各级政府更多地将精力放在开展公民阅读活动上,并将公民阅读权利的实现程度作为评价政府文化政绩的重要指标。

第三节　制度与图书馆制度

一、关于制度

在西方,"制度"一般有 System、Institution 和 Regime 三个表述方式,从这三个词的含义来看,它们之间是有区别的。首先,"System"侧重表达思想或理论的体系、方法、系统、体制;"Institution"侧重表达规模较大的机构、风俗习惯、法律规则和制度等;"Regime"侧重表达强制性的统治制度和方式、组织方法或管理体制等。本研究所讲的"制度"是在"Institution"意义的基础上使用的,既包括条文性的,又包括实践性的,强调的是社会制度安排意义上的图书馆制度,是一种保障性的制度安排。

美国经济学家道格拉斯·C.诺斯认为"制度是一个社会的游戏规则,更规范地说,它们是为人们的相互关系而人为设定的一些契约"①。一个社会的"正常运转"有赖于体系化的规则的存在,而社会中最为重要的规则体系就是制度。约翰·罗尔斯提出两类规则:一类是直接用于调节个体之间的交易和契约行为的规则;另一类则是用来调节个体之间的交易和契约行为所发生的背景条件的规则。根据新制度经济学理论,这些协调人类交往的各种规则被称为制度,制度抑制了机会主义和权力的滥用。恰当的制度安排有助于降低人类交往和协调的成本,并能增强生产要素(如劳动)在满足人类需要上的效能。罗尔斯的第二类规则统称为"社会基本结构",其主张通过这类规则保证"背景主义"和整个社会合作体系的公平性。因此,本研究理解的制度是调节个人和组织的行为规范。一个社会如果没有规则体系——制度,就意味着社会秩序的混乱与脆弱,意味着社会群体的行为和心理处于非安全的状态。如果社会没有相应的制度作为基本的保障,社会个体之间在进行互动时就缺乏必要的信任与支持。如果社会没有必要的制度,社会成员之间互动的这种长期行为就缺乏制度层面的保护与支持。制度一般分为正式制度和非正式制度,正式制度是指各类组织(或国家)制定的、用以激励或约束人的行为的规则,国家或政府的政策和法律是最典型的正式制度。非正式制度是指约束人们行为的道德观念、风俗习惯、意识形态等各种非正式规则。

二、图书馆制度

图书馆制度是人类社会发展到一定程度所产生的共同规则,这种共同规则是对某一事物共同经验并固定化和建制化的过程。这种固定化、建制化的集中存贮、管理和利用文献的活动逐渐演变成一种普遍做法(共同规则),图书馆制度也是这样产生的。我国图书馆制度的产生主要经历了四个时期:第一,藏重于用的藏书楼、私人图书馆相对封闭的时期;第二,图书馆逐渐走向开放,政府开始重视读者阅读的时期;第三,以人为本、以用户阅读为中心的新技术广泛应用的时期;第四,多媒体融合、大力推广社会阅读、公民权利意识觉醒的现代图

---

① 转引自宋洁绚:《我国高校招生考试制度的形成与演化:基于国家主义的视角》,武汉大学出版社 2015 年版,第 114 页。

书馆制度时期。图书馆制度产生后,从全社会的制度结构看,图书馆制度是社会文化制度的重要组成部分,它为人们正常获取知识和信息、进行自我教育、进行科学研究或其他文化活动提供制度性保障。从民主政治的意义上说,图书馆制度是民主政治制度的重要设施,正如联合国教科文组织《公共图书馆宣言》(1994 年)提到的,人类根本价值的实现取决于智者在社会中行使民主权利和发挥积极作用的能力。人们对社会的建设性参与和民主的发展依赖良好的教育以及知识、思想、文化和信息的无限开放。图书馆制度还是维护社会和谐的重要制度安排,提供平等服务,避免社会排斥,关爱弱势群体,体现人文关怀,是现代图书馆服务的基本精神。图书馆是政府保障公民自由、公民平等获取阅读权利的制度安排,是保障社会阅读的文化绿洲。

三、图书馆制度的结构与特征

根据制度的分类来看,图书馆制度可分为正式的图书馆制度和非正式的图书馆制度。正式的图书馆制度包括国家和政府层面的图书馆法律、法规或行政规章,以及其他公开执行且具有强制执行力的组织规则,一般具有强制性、成文性、公开性等特征。非正式的图书馆制度包括图书馆工作人员应该遵循的职业道德、伦理规范、职业价值理念等,具有自律性和非强制性的特征。图书馆制度按层次结构可以分为国家(宏观制度)、行业(中观制度)和机构(微观制度)三个层面。宏观制度主要表现为国家和政府的图书馆法律、法规和行政规章,中观制度主要表现为图书馆行业制度的有关规则,微观制度主要表现为各类图书馆自己制定的、仅适用于本馆的管理与服务规则。图书馆制度一般具有时代性、传承性、实践性、发展性和专业性等特征。

四、图书馆制度的原则

(一)公益性原则

公益性是图书馆的基本属性。图书馆作为保障公民知识自由、信息公平的制度安排,秉持"以人民为中心"的服务理念,以满足人民群众日益增长的精神文化需求为基本出发点,以提供普遍均等的图书馆服务来满足人们不断提高的精神文化需要为落脚点,有效实现图书馆服务与人民大众文化需求的有效对接。联合国教科文组织制定的《公共图书馆宣言》(1994年)对公益性进行了明确的阐述:每一个人都有平等享受公共图书馆服务的权利,而不受年龄、种族、性别、宗教信仰、国籍、语言或社会地位的限制。对因故不能享用常规服务和资料的用户,例如少数民族用户、残疾用户、医院病人或监狱囚犯,必须向其提供特殊服务和资料。现代图书馆要坚持向全社会开放的理念,保障公民文化权利、缩小社会信息鸿沟。图书馆是一个开放的知识与信息中心。图书馆以公益性服务为基本原则,以实现和保障公民基本阅读权利为天职,以读者需求为一切工作的出发点。《公共图书馆法》规定,公共图书馆应当按照平等、开放、共享的要求向社会公众提供服务。图书馆是由政府设立,为公民提供服务的公共设施,是文化事业的重要支撑力量,其运行的成本是由公共财政负担的,具有非营利性、非竞争性和非排他性,这也是图书馆事业的重要特征,这一特征为公民实现基本阅读权利提供了必要的经济支持和技术保障。因此,图书馆的公益性原则是图书馆存在的主要标志。

(二)平等服务原则

"人人平等"是图书馆行业根深蒂固的服务理念和追求,为读者提供无差别的阅读服务是图书馆的天职,也是图书馆尊重公民基本文化权利的体现。联合国教科文组织制定的《公共图书馆宣言》(1972年)提到,公共图书馆的大门需要向所有人开放,确立了图书馆向民众提供知识服务的无差别服务原则。在《公共图书馆宣言》(1994年)中,继续明确了图书馆无差别服务的原则和含义:每一个人都有平等享受公共图书馆服务的权利。平等服务原则同样是我国图书馆追求的目标,《图书馆服务宣言》向社会表达了中国图书馆界对平等服务原则的追求,明确要求"图书馆向读者提供平等服务。各级各类图书馆共同构成图书馆体系,保障全体社会成员普遍均等地享有图书馆服务",满足每个人的知识需求。

图书馆平等服务原则可以从以下两方面来理解。首先,所有公民的地位都是平等的,图书馆应该为公民提供各项服务,公民具有平等享有和使用图书馆的基本权利。其次,所有公民机会均等,按照图书馆的阅览规则,每个读者在享用公共信息和接受信息服务时的机会是均等的。图书馆的无差别服务原则可以维护个人的权利和为个人提供发展机会。

（三）正义性原则

图书馆之所以可以体现国家制度的正义性，其实是由它的公益性和无差别服务决定的。联合国教科文组织在《公共图书馆宣言》(1949年)中指出：公共图书馆对社区所有成员实行同样条件的服务，对所有人免费服务。以同样条件对社区的所有成员免费开放，不分职业、信仰、阶层或种族。《公共图书馆宣言》(1994年)指出，公共图书馆原则上应该免费提供服务。建立公共图书馆是国家和地方政府的责任。必须专门立法确立公共图书馆的合法地位，并由国家和地方政府财政拨款。图书馆坚持公益性主张、免费开放、一视同仁的服务宗旨和社会包容、全纳理念的人文倾向，向公民提供免费获取知识和信息的机会，具有保障公民自由、平等地获取阅读权利的社会功能，在一定程度上改善了社会信息资源配置中的不公平现象。由此可见，无论从图书馆的性质、服务理念，还是从图书馆的功能和在人类社会发展中所起到的积极作用来看，图书馆制度都体现了制度的正义性。

（四）共建共享原则

图书馆联盟是图书馆人不断追求的目标，即图书馆与图书馆之间、图书馆与其他机构之间为了实现资源的共建共享，通过协议或合同的方式，以互惠互利为原则，利用各种技术手段、方法、途径建立图书馆联合体，共同规划、共同建设和共同利用知识资源，以最大限度地满足公民的知识信息需求，从而实现任何人在任何时间、任何地点都可以有效地获取任何知识资源。在狭义上我们可以理解为馆际合作，在广义上我们可以理解为传统图书馆与虚拟图书馆在单一介质与多媒体融合资源的互惠互补。联合国教科文组织的《公共图书馆宣言》(1994年)指出：为保证全国图书馆的协调和合作，必须立法并制订战略计划，来确定并建设同一服务标准的全国图书馆网络；必须确保与有关合作伙伴（用户群体和其他专业人员）进行地方、区域、全国甚至国际性合作。《公共图书馆法》把"共享"理念列为图书馆向社会公众提供服务的基本原则，认为公共图书馆之间或者公共图书馆与其他类型的图书馆应积极参与馆际合作，通过各种形式的合作、协作、协调来提高知识资源的利用率。在图书馆领域开展国际交流与合作,开拓公众视野,提供更多共建共享的机会,从而实现文献信息资源的共建共享,解决图书馆信息资源不平衡、不充分的问题。

第四节　图书馆保障公民阅读权利的意义

现代图书馆事业是公民共同选择的结果。公民之所以需要图书馆,是因为图书馆向社会公众提供了阅读的空间。图书馆制度建设与保障公民阅读权利之间是一种相互促进、相互提升的关系。一方面,图书馆制度可以保障公民自由、平等地获取阅读权利,而公民阅读权利的提升又可以进一步完善图书馆制度。另一方面,图书馆制度为公民实现其阅读权利提供了必要的阅读环境、阅读资源、阅读导引人才等条件,在保障公民阅读权利的同时,还提升了公民的阅读意识和文化素养,为图书馆制度建设创造了良好的社会阅读氛围,提供了必要的舆论支持。

一、倡导全民阅读,推进学习型社会建设

图书馆是实现和保障公民基本文化权益、提供平等公共文化服务的一种制度安排。图书馆以传承人类文明、传播先进文化、开展社会继续教育和终身教育为己任。图书馆为公民终身学习提供保障,促进学习型社会的建设。2018年,国际图联发布全球愿景报告,报告中提到"坚定地致力于支持扫盲、学习和阅读,支持学习、扫盲和阅读是完成图书馆使命的核心"。图书馆通过开放公共阅读空间、开展各类读书活动,大力推广全民阅读,为建设我国公共文化服务体系和学习型社会做出贡献。

二、发挥图书馆优势,发展社会主义先进文化

图书馆是收集、整理、保存文献信息资源的公共文化设施,它向社会大众提供文献信息的组织、查询、借阅等相关服务,利用图书馆馆员这支专业人才队

伍,为社会公众提供各类信息咨询、公益性讲座、培训、展览和阅读推广等活动。图书馆是精神文化产品的传播者,应当始终坚持社会主义先进文化的前进方向,坚持以人民为中心,坚持以人为本、平等服务的原则,坚持以社会主义核心价值观为引领,传承发展中华优秀传统文化,继承优秀历史文化,传播正能量。

第二章 图书馆保障公民阅读 权利的理念与发展方向

阅读是我们每一个人都可以享有的一种自由平等的权利,每个人都有平等地获取和选择阅读场所、阅读内容与阅读载体的权利。人们通过阅读可以增长知识,丰富思想,提升文化品位和增加文化底蕴。图书馆作为政府保障公民自由、平等地获取知识信息的制度安排,对保障公民基本的阅读权利、实施社会教育职能具有得天独厚的优势。图书馆的使命就是提高公民科学文化素质和社会文明程度,传承人类文明,坚定文化自信。

第一节 图书馆保障公民阅读权利的理念优势

一、知识自由理念

"知识自由"(也叫智识自由、信息自由)这一英文术语最早是由美国图书馆协会(ALA)提出的。ALA 所界定的"知识自由"是人人享有不受限制地寻求与接收各种观点、信息的权利。知识自由包括以下三个部分:知识持有的自由、知识接收的自由与知识发布(传播)的自由。

在国际层面,自 ALA 发布《图书馆权利宣言》、一系列知识自由政策和开展一系列活动之后,国际图书馆协会联合会(简称"国际图联",IFLA)以及各国图书馆协会也纷纷发布有关知识自由的政策性宣言。1999 年,国际图联发布《关于图书馆与知识自由声明》,其核心内容主要包括"图书馆应该起到发展及维护知识自由的作用,图书馆有责任保证和推动知识传播和智能活动,图书馆应采集和收藏反映社会各个方面的信息资料"。IFLA 于 2002 年相继发布《图书馆、信息服务机构与知识自由格拉斯哥宣言》《因特网宣言》和《图书馆与可持续发展声明》,旨在强调知识自由是图书馆的核心价值,是图书馆和信息同行保障公民文化权利的核心责任,知识自由是每个人享有的、特有的表达意见,承认图书馆和信息机构利用信息的自由,促进社会的可持续发展。

知识自由理念已成为图书馆界的文化愿景。在信息时代,社会发展速度不断加快,图书馆的使命、责任和服务理念也要与时俱进、不断更新。图书馆人对图书馆在社会中的作用和价值进行新的探索。图书馆是社会民主、公共文化基本权益的制度保障,保障公民自由、平等地获取知识信息,满足人们在获取、传播、利用信息时对知识自由的需求,并提供必要的理论支持。

《宪法》第五十一条规定,中华人民共和国公民在行使自由和权利的时候,不得损害国家的、社会的、集体的利益和其他公民的合法的自由和权利。自由不是绝对的,而是相对的,是有限度的。人们在享受自由的同时,不能侵犯他人的权利,并且有责任或义务保护他人行使自由的权利。所以,从社会正义的角度看,限制某种自由必须是为了保证另一种自由,而且这种限制必须具有公众能够认可或接受的合理性限度。寻求人的"自由而全面的发展",是马克思一生孜孜追求的目标。马克思指出,每个人的自由发展是一切人的自由发展的条件。在法律许可的范围内,每个社会成员对知识的追求才是自由的、自主的。社会赋予图书馆新的历史角色与重要使命,对图书馆保障公民的基本文化权益产生积极的促进作用。在实践中,图书馆要贯彻知识自由理念,保障公民阅读权利。

二、社会公正理念

社会中最为重要的规则体系就是制度。制度设计需要有基本的价值理念作为依据。社会公正理念,即社会公平正义的理念,是现代社会制度设计与制度安排的基本依据。大部分社会成员的衣食住行等日常生活离不开社会公正理念下的制度设计与制度安排,社会成员可以自愿认同社会公正,并自觉遵守社会制度,在公平正义价值取向的基础上,形成一个"合理"的制度体系。在良性循环的制度体系下,社会成员之间的互动逐步形成稳定、高效、平等、安全和可预期的社会局面和现实环境,进而让更多的社会成员认同并遵循社会制度。现代社会中的制度设计与制度安排,必须以社会公正的基本理念为依据。诚如罗尔斯所说,正义是社会制度的首要价值,正像真理是思想体系的首要价值一样。社会中的每一个成员都具有同样的尊严、同样的基本权利。当一个社会的基本制度没有体现社会公正这一基本依据时,如果某个社会群体(一般来说是弱势群体)、某些人甚至某个人的尊严受到践踏,在某种程度上来说,就意味着社会制度存在很大缺陷。现代社会基本制度应该维护每个社会成员的尊严。图书馆是保障公民自由、平等地获取知识权利的制度安排,其基本的理念依据就是社会公正,即它是基于社会公正理念而进行的制度安排。社会公正理念主要从平等服务理念与社会包容理念来进行诠释。

(一)平等服务理念

"天地不仁,以万物为刍狗;圣人不仁,以百姓为刍狗。"也就是说,天地不情感用事,对万物一视同仁,圣人不情感用事,对百姓一视同仁。《宪法》第三十三条规定,中华人民共和国公民在法律面前一律平等。联合国教科文组织《公共图书馆宣言》(1994年)指出,每一个人都有平等享受公共图书馆服务的权利,而不受年龄、种族、性别、宗教信仰、国籍、语言或社会地位的限制。罗尔斯的"正义论"是近现代以来对社会公正理念的最佳阐释。该理论以社会基本结构的正义为视角,强调以公平为基础的正义观,具体表现为平等原则和优先原则(差别待遇原则),即所有社会成员在最为广泛的基础上享有平等的权利。当社会和经济出现不平等时,就需要对资源和福利进行重新分配,一方面优先给予社会中处境不利的人们最大利益,另一方面在机会均等的条件下,使所有人获得最大利益。罗尔斯的正义理论不关注人的能力或彼此间的关系,而是侧重社会基本结构的正义性。一个人享有一种获得最小份额的社会资源的普遍权利,仅仅因为他享有某些确定的基本的人类需要、能力或者利益,或者纯粹就因为他是一个人,即使他不能对社会合作事业做出任何贡献。这意味着,即便人具有与生俱来的不平等事实,但其都享有被同等对待的权利,法律人格的平等本身就是不平等条件下的人应当如何被平等对待的问题。因此,罗尔斯提出了补救措施,即对不应有的不平等要求予以补救的原则,既然出生和天赋的不平等是不应有的,那就应该以某种方式消除不平等。

社会正义理论为保障弱势群体的权利奠定了理论基石。首先,平等理念是图书馆保障弱势群体文化权利最为有力的基础性理论,它注重社会文化的传播、利用、存储以及社会文化成果转化等在社会成员之间合理而平等地分配,关注社会成员权利的平等、机会的均等、规则的公平和分配的合理,强调社会弱势群体享有与其他社会群体完全相同的权利与自由。弱势群体是社会中的一个特殊的利益群体,虽然一些人存在缺陷,但是这种客观事实的不平等不能成为弱势群体被其他人不平等对待的理由,"每一个人都拥有和其他所有人的同样的自由体系相容的、最广泛平等的基本自由体系的平等权利"①。图书馆必须采取必要的措施防止弱势群体受到外界的歧视,保障弱势群体充分、平等地享有基本的阅读权利和阅读自由。其次,"有利于最少受惠者"的社会利益分配优先理念为弱势群体的倾斜保护政策提供了理论支持。合理的差别对待是实质平等的应有之义。"社会和经济的不平等应该这样加以安排,以使它们:(1)适合于最少受惠者的最大利益,并与正义的储蓄原则相一致;(2)在公平的机会平等的条件下,使所有职务和地位向所有人开放。"②弱势群体的脆弱性和社会资源分配的"大众性"决定了资源和制度倾斜的社会合理性与正当性。优先理念要求国家对弱势群体这一事实上的"最少受惠者",在各种社会基本经济和制度资源的分配上给予优惠性待遇,以克服其在各种竞争中的劣势,激发其潜力和创造力,创造各种便利条件,让弱势群体能够拥有机会和能力,促使其平等参与社会生活,实现个人发展。

曼弗雷德·诺瓦克教授认为,国家必须采取积极措施帮助弱势群体,包括赋予该群体暂时的特权。罗尔斯认为,社会结构并不保障那些状况较好的人,除非这样做适合于那些较不幸运的人们的利益。阿部照哉指出:"毫无差别对待往往会变成假平等,反之,即使有差别对待,如果这个差别对待具有合理根据的话,那么,就可以视为合理的差别对待,并不违反平等的原则。③"一个社会在

---

① 转引自邹铁军:《历史上最具影响力的哲学名著 26 种》,陕西人民出版社 2006 年版,第 358 页。

② 转引自高玉平:《道德客观性的证明:哈贝马斯规范伦理学研究》,辽宁大学出版社 2015 年版,第 129 页。

③ 转引自程燎原,王人博:《权利论》,广西师范大学出版社 2014 年版,第 156 页。

面对形式机会和实质机会脱节而导致的问题时,会采取这样一种方法,即以确保基本需要的平等去补充基本权利的平等。因此,对弱势群体利益保障而言,不仅强调反对歧视,强调无差别的同等对待,而且要根据群体差异或个体特性区别对待弱势群体。

合理的差别对待与实质平等在内涵与外延上均有很大的重合度,是平等的应然要义,仅有法律地位和机会的平等并不能保证实质或事实上的平等。即便排除现实中存在的基于弱势群体的各种因素的歧视,但个体在智力、体力、出生环境等方面的客观差别,必然导致不同个体或群体的权利实现能力不一样,同样的权利并不能给所有人带来同样的利益,故不同个人或群体的权利保障需求具有客观的差异性。因此,特别保护原则是社会弱势群体利益保障的核心问题,即在承认弱势群体利益应受到法律的平等保护之外,更强调针对弱势群体与其他普通群体在相关事实上的重大差距,应该运用特殊的措施和手段对这种重大差距进行弥补,利用客观的"不平等"的特别保护手段实现权利事实上的平等保障。必要的制度倾斜,不是对弱势群体的特殊"恩惠",也不是对正常健康者的反向"歧视",而是实现弱势群体的一种固有权,是维护社会实质公平的具体体现。

(二)社会包容理念

社会包容理念顾名思义就是全部接纳、全部容纳。全纳教育是在西班牙萨拉曼卡召开的世界特殊需要教育大会上通过的一项宣言中提出的一种新的教育理念和教育过程。全纳教育作为一种教育思潮,它容纳所有学生,反对歧视、排斥任何一名学生,促进学生积极参与活动,注重集体合作,满足学生的不同需求,是一种没有排斥、没有歧视、没有分类的教育。全纳教育强调对弱势群体基本权利的尊重,注重培养他们的自尊精神和自重精神,激发他们的潜能。图书馆作为社会公共教育的重要组成部分,是没有歧视、没有障碍的地方,是公民可以进行终身学习的地方。图书馆应该充分尊重每一位公民受教育的权利,无条件地接受所有读者并充分保障弱势群体的阅读权益。

社会包容理念主要遵循不歧视原则和无障碍服务原则。不歧视原则是保障公民权益的首要原则,也是最基本原则。残疾人群体不仅需要经济上的保障,更需要和正常人一样的"独立生活",反对外部不顾其个人需求的强制性干预,要求公正的社会机会,反对所谓的施舍,强调消除基于歧视的不公平行为。对弱势群体,要强调尊重他们的人格尊严,当身心障碍影响到他们的现实生活时,需要相应的制度安排给予其援助。《残疾人权利公约》中提到,重申一切人权和基本自由都是普遍、不可分割、相互依存和相互关联的,必须保障残疾人不受歧视地充分享有这些权利和自由。不歧视原则要求从法律的角度消除基于身心残疾、年龄、种族以及性别等各类因素的影响,追求普遍、平等的社会规则,认为个人尽管存在事实上的差异,却可以拥有机会平等和法律人格的平等,应该给予弱势群体必要的尊重和法律保护。

无障碍服务原则形成于20世纪60年代。1961年,美国制定了世界上第一个《无障碍标准》。无障碍服务原则是指环境或制度的一种属性,即事态发展过程中的境遇或与之有关的一切都可以顺利地进行而且没有任何阻碍。无障碍环境包括建筑环境无障碍和信息与交流无障碍。一般情况下,环境有无障碍是建立在人和环境之间交互的通用层面基础上的,对无障碍环境变量进行评估,审查环境是否考虑、认同并尊重弱势群体的特殊需求,进而有效地减少或消除障碍与排斥,为他们提供均等的参与机会,同时为权利的行使、救济活动提供无障碍环境,保障弱势群体的权利。我们在实践中应该遵循无障碍服务原则,帮助弱势群体避免被他人排斥,保障他们生活的正常化和有序化。无障碍服务原则不仅是弱势群体平等参与社会文化生活、共享社会文化发展成果的必然要求,更是保障其实现各项文化权利的基本原则。

三、公共产品理念

《中华人民共和国公共文化服务保障法》和《公共图书馆法》明确了公共图书馆的公共文化服务设施属性。从根本上来说,公共文化服务设施的建设目的是为公众提供公共文化产品,并满足人们日益增长的精神文化需求,而图书馆这种公共文化服务属于纯公共产品的范畴,应由政府部门向公民提供。图书馆是社会基于知识自由的保障需要而选择的一种制度产品,即经济学上所讲的"公共产品"。公共产品具有非竞争性和非排他性,政府是图书馆的供给主体,政府对图书馆的规划、建设、运行、服务、管理、保障等应承担最终责任。在某种程度上来说,政府有制定公共政策、推动公共文化发展的责任。从政府提供公共文化服务设施的方式来看,在相当长的一段时间里,政府都是公共文化服务的主要决策者和提供者。

公共文化服务的供给方式要适合国家或地区的情况。公共文化服务对保障公民文化权利和提升文化软实力具有重要意义,对国家或地区的公共文化服务水平具有决定性影响。从我国图书馆事业的发展情况来看,政府不仅是图书馆制度的制定者和决策者,还是图书馆的资金供应者。为了有效地给公民提供公共文化服务,政府的首要责任是构建并不断地完善公共文化服务的法律法规体系,将公共文化的建设和管理纳入法制化轨道。政府要贯彻执行既定的方针政策,并配之以相应的约束力。政府应该为公共文化服务提供配套的措施,建立相应的机制,让更多的社会力量参与到公共文化服务事业建设中去。在不同的公共文化服务事业发展时期,政府应根据经济形式和发展目标来确定公共文化的投入规模,保障公众的基本文化权利,并逐步加大对公共文化的投入,在一定时期内实施公共文化优先发展战略。与此同时,政府还要承担起筹集资金的责任,以政策引导社会资本,通过不同渠道、不同形式筹集资金,发展公共文化事业。

第二节　国外部分国家的图书馆制度发展方向

一、国外部分国家的图书馆阅读推广规范现状

图书馆阅读推广的制度性规范是图书馆开展阅读推广活动的依据和遵循的准则。政府部门、行业协会等根据制度性规范制定相应的实施规范,为图书馆阅读推广提供指导。技术性规范对制度性规范和实施性规范中涉及图书馆阅读推广活动的技术性环节进行有针对性的指导。监督性规范体现在图书馆阅读推广活动结束后,对制度性规范、实施性规范、技术性规范的实施效果进行评估、监督和反馈。

一些发达国家实行图书馆阅读推广规范时比较重视制度性规范、实施性规范和监督性规范,这些国家通过专门立法,出台相关法律法规、政府政策、行业

规范等方式,共同构建比较完备的图书馆阅读推广规范体系。

(一)制度性规范

一些发达国家比较重视阅读推广的法制化和规范化,在图书馆阅读推广制度性规范方面比较完备,相关的法律法规和专门立法相互补充,制定制度性规范,为图书馆开展阅读推广提供法律保障。有的发达国家对图书馆阅读推广进行专门立法,明确政府和相关组织在图书馆开展全民阅读中的责任和义务,为图书馆开展阅读推广创造良好的环境和条件,内容涉及图书馆的目标、资源建设、管理机构、部门设置、运行研究、经费补贴、图书馆馆员、职业认证、存储图书馆、图书馆服务和图书馆网站建设等方面。

美国在《卓越阅读法案》《不让一个孩子掉队法》等法案中均对阅读推广进行了支持、引导和规范。《中小学教育法》中增加了与阅读相关的内容,保障青少年的阅读权利。政府相继推出一系列的阅读推广计划和项目,不断地引导和推动阅读推广活动的深入开展。

英国文化、媒体和体育部在《未来的框架:新十年的公共图书馆、学习和信息》中,明确了现代图书馆的职能要向阅读推广转变。

日本十分重视少年儿童的阅读推广活动,颁布了《少年儿童读书活动推进法》《文字印刷文化振兴法案》,对阅读推广的基本理念、政府职责、财政支持等事项进行了明确的规定,旨在营造全民阅读的文化氛围,使阅读推广活动能够制度化、有序化、长效化。

韩国2006年正式颁布的《图书馆法》旨在为全民阅读创造良好的环境。2007年,韩国政府通过《读书文化振兴法》,该法案规定:(1)确立阅读文化推广方案。(2)设立阅读推广委员会,每五年制订一份读书文化振兴计划。(3)中央及地方政府需为民众提供平等的阅读教育机会。(4)明确社区、学校、企业等组织机构在推广全民阅读中的职责。2008年,韩国政府出台《学校图书馆振兴法》,要求政府为高中及高中以下各级学校图书馆提供法律和制度支持,从法律和制度层面确保学校图书馆的人员配置和获得稳健的资金投入。

（二）实施性规范

一些发达国家在出台与图书馆阅读推广相关的法律法规之后,政府部门、行业协会等都会根据法律法规的规定,以制定、发布相应的规划、计划、指南等形式,对图书馆阅读推广活动进行全面、具体的指导。美国图书馆协会(简称ALA)以发布计划指南、活动规划、业务指导等形式,对全国图书馆阅读推广活动进行指导和规范。ALA在公共计划中列出详尽的活动指南,为准备开展相关阅读计划的机构提供明确的行动方案,成立专门的委员会为图书馆阅读推广活动提供组织保障,同时开展与图书馆阅读推广活动相关的职业教育和培训,推动阅读推广活动向专业化方向发展。ALA出版有关阅读指导服务等内容的图书,为图书馆更好地开展阅读服务提供理论依据,为图书馆馆员开展阅读指导服务提供全面的指导,为各种阅读活动制订详细的活动计划。

（三）监督性规范

一些发达国家不仅注重图书馆阅读推广的数量,而且还强调图书馆阅读推广效能的提升,一些图书馆协会会制定详细的监督性规范,对图书馆阅读推广进行评估和监督。在美国,ALA通过网站提供活动计划指导,为图书馆和相关机构开展阅读推广活动提供明确的行动方案和评估办法。《英格兰2016—2021公共图书馆发展草案》是为了提升公众阅读水平和阅读素养,明确了图书馆制定服务的方向、路径及所需的技巧和考核标准。[1] 日本政府根据相关法律规定,定期制订儿童读书活动计划,地方政府制订地方性的推进儿童读书活动的政策计划。[2]

（四）技术性规范

由政府制定技术性规范,对图书馆阅读推广涉及的技术方面的内容进行有针对性的规定和规范,引导新技术在图书馆阅读推广中的应用,这也是我国图

---

[1] 参见孟华:《〈英格兰2016—2021公共图书馆发展草案〉剖析》,载《图书馆论坛》2016年第12期。

[2] 参见苑世芬,钱军:《阅读立法视野下的阅读推广长效机制建设研究》,载《图书馆》2015年第8期。

书馆阅读推广应该借鉴的方面。《英格兰2016—2021公共图书馆发展草案》指出,图书馆必须以创新的工作方式来适应公众不断变化的信息需求,在战略规划、决策、资金筹措、采购、数字技术等工作流程中探索新的路径与模式并达成目标。

二、国外部分国家的图书馆管理机制现状

美国公共图书馆系统不仅遍布全美,而且它还是非常庞大的社会公益性服务系统。在美国,没有统一的管理机构对图书馆系统进行集中管理,主要的管理方式是依据法律法规以及行业学会、图书馆委员会的标准对图书馆进行宏观管理。值得一提的是,美国的图书馆法律体系比较完备,在管理图书馆系统以及发展图书馆事业上具有重要的推动作用。图书馆法规定,对接受政府拨款的公共服务机构提出要求,如果机构内设图书馆,即有向社会公众开放的义务。美国的公共图书馆系统的文献资源统一由总馆调配,极大地提高了文献的利用率。不仅如此,美国各州以及各大城市也相继出台了图书馆法案,保障图书馆和公众的阅读权益,促进图书馆服务的发展。1964年,《图书馆技术和服务法》颁布,该法案向各州提供图书馆基金,资助图书馆项目研究,同时对图书馆服务提出要求。[①]

美国有一个公共图书馆的支持与监督团体——图书馆之友,这是一个非营利性质的社会团体,主要由热衷于图书馆事业的非馆内人士组成,他们热爱图书馆,关心图书馆的发展,参与图书馆的日常管理工作,对图书馆进行综合考评。他们也会努力为图书馆募资,争取社会各界的支持,最大限度地争取政府财政拨款以及各种基金会、出版社和各类社会组织与个人的赞助。他们不仅在图书馆的日常工作与各类阅读推广活动中贡献力量,还到社区为图书馆招募志愿者。他们为提升图书馆服务水平发挥了积极的作用,扩大了图书馆的影响力。除了美国,英国、澳大利亚、加拿大等国家的图书馆也非常重视"图书馆之友"的建立与发展。

澳大利亚的公共图书馆隶属于联邦、州和市三级政府,资金以政府资助为

---

① 参见李艳萍:《中外公共图书馆制度比较》,载《图书馆建设》2008年第12期。

主,部分资金来源于公益性基金、企业或个人的资助。在澳大利亚,公共图书馆是非营利性质的社会文化服务组织。澳大利亚的国家图书馆是由联邦政府拨款的公益性机构,是重要的图书编目网络中心,在澳大利亚的图书馆界提供大范围的资源共享与合作。澳大利亚的州立图书馆在图书信息检索与服务领域具有重要的协调作用,各地读者可以从市级图书馆网页进入州立图书馆,找到所需的各类网上资源,这样就避免了数字资源与信息技术在市级图书馆的重复性开发与建设。

日本的指定管理者制度的实施对象包括日本的公立图书馆。指定管理者制度是指由日本地方公共自治团体指定,将公共设施的管理权限委托给指定团体(企业)的制度。指定管理者制度极大地强化了委托力度,扩大了委托范围,进一步下放了公共设施的管理运营权限。日本公立图书馆在实施指定管理者制度后,公共文化服务的业务开始向私营企业和机构发展,开放趋势进一步加强。读者普遍反映图书馆的服务态度有所改善,而且各服务窗口的服务质量有显著的提高。但也存在一些问题,比如,在确保公立图书馆服务水平和公益性质的情况下,如何对指定管理者提供的图书馆服务进行监督和评价成为一大难题。图书馆业务的这种外包服务会影响图书馆服务的专业性,图书馆本身也会丧失一定的专业性功能。

三、国外部分国家的图书馆法人治理结构现状

国外高度重视具有公益性的公共服务机构的法人治理问题。美国大部分的公共图书馆都建立了理事会制度。美国于1956年颁布的《图书馆服务法》规定,公共图书馆的管理机构是理事会,法人治理结构应向图书馆提供明确的法律依据,从立法的角度来看,这种法律依据应具有强制性。除了国家层面的明确立法外,美国有些州和市还通过了地方性的政策或法规,强制性地规定了图书馆的法人治理结构。美国纽约公共图书馆选举或推荐的理事会理事在任职后,为了了解自己在图书馆中的职权范围和主要工作内容,需要在任职期间参加专业的图书馆业务培训,学习和掌握尽可能多的图书馆专业知识,并能灵活运用这些知识。

英国的《公共图书馆法》规定,公共图书馆具有独立的法人地位,必须组建

理事会。图书馆按照《部长任命公共机构人员程序准则》提出的任职标准,成立图书馆理事任命小组,并对相关人员进行挑选和评估,最终确定候选人员名单,提交给部长。部长通过候选人员名单挑选合适的人员担任理事。在英国,图书馆理事会是具有承担政府公共文化职能的非营利性、非部门性的公共文化实体,并受到政府的监督和管理。

新加坡国家图书馆管理局(简称 NLB)在人事、财政等方面拥有高度的自主权,是可以灵活、高效地开展图书馆工作的法定机构。NLB 规定,图书馆理事会的所有理事需从政府部门进行选拔,并由政府任命。在新加坡,有专门为图书馆理事会寻找理事会成员和高级行政管理人员的机构,也有为图书馆理事提供专业培训的学校。新加坡的《慈善团体与公益机构监管准则》对图书馆理事会的地位、理事会成员、会议、利益冲突、理事薪酬、管理团队等进行了规定,虽然不具有强制性的法律效力,但图书馆界会普遍遵守该准则,它是评估法人治理结构的标准与工具。

四、图书馆制度对图书馆发展的影响

(一) 图书馆法治建设是一个完备、系统的法律政策体系

图书馆事业从总体上来说是一项社会性的公益文化事业,涉及社会文化生活的方方面面,需要建立以图书馆专门法为核心,各地方性图书馆法律法规为辅助、相关的行政法律以及规章为配套的图书馆法律体系,这样才能确保图书馆内部与外部机制的有机协调、相互促进,促进我国图书馆事业健康发展。

(二)制定阅读推广规范,有利于发挥图书馆的优势

图书馆是保存、传播文献信息的专门机构,具有成熟的文献信息服务理念、完备的文献信息保存方法、便利的空间场所和设施、专业的人才队伍。各地政府部门进一步对图书馆阅读推广进行规范,有利于明确图书馆在各类阅读推广机构中的主体地位,发挥图书馆在文献信息方面的专业性、权威性优势。

(三)建立图书馆监督机制,健全图书馆理事会的激励制度

完善图书馆的法人治理结构,建立配套的绩效评价与内外部监督考核体

系。根据评价体系,对理事会成员进行综合考核,考核通过者可以给予一定的奖励,调动理事会成员的工作积极性。

第三章　图书馆保障公民
阅读权利调查分析

第一节　调查背景与调查目的

一、调查背景

随着《中华人民共和国公共文化服务保障法》《公共图书馆法》等国家层面有关全民阅读法律法规的颁布并实施,深圳、上海、江苏、辽宁等地关于保障公民阅读权益的法规也相继出台并实施,全民阅读已成为我国重要的文化发展战略,保障公民的阅读权利是公共图书馆的首要任务与核心工作。公共图书馆要保障公民的基本阅读权利,有必要对公民基本文化权利进行调查研究、科学分析、反思,并完善图书馆制度。对此,我们应该了解图书馆在保障公民阅读权利方面的情况、读者对图书馆的认知程度和利用频率、读者对图书馆的满意度以及对图书馆馆员信息素养的要求、社会各界对图书馆制度建设方面有什么建议等。

为了了解公民阅读权利保障的实际情况,笔者立足于读者和图书馆馆员两个不同的角度,开展了针对读者和图书馆馆员在阅读权利保障与图书馆提供保障方面的实证研究。读者和图书馆馆员共同参与图书馆制度建设的过程,是图书馆践行包容理念的过程,也是图书馆践行自由平等、公益理念的过程,其实质是图书馆进行制度创新的过程。

二、调查目的

本次的调查对象为读者和图书馆馆员,调查分别从读者和图书馆馆员两种不同的视角来审视图书馆保障读者阅读权利的实际情况。读者年龄在 16 周岁以上,16 周岁以上的读者有比较成熟的思想,并且具备独立的思考能力和行为能力,既可以独立完成调查问卷,又可以保证调查问卷的真实性。笔者希望通过此次调查研究,描述和展示读者的阅读行为以及图书馆的利用情况,深入地了解图书馆在保障读者权利方面的制度建设情况,为图书馆进一步改善制度建设提出建议。

第二节 调查对象、调查内容和调查方法

一、调查对象

2018 年 4 月至 12 月,笔者对黑龙江省部分公共图书馆、江苏省部分公共图书馆以及河北省部分公共图书馆的在馆读者进行了线下随机问卷调查,发放读者调查问卷共计 500 份。在黑龙江省发放 175 份读者调查问卷,在江苏省发放287 份读者调查问卷,在河北省发放 38 份读者调查问卷。共计发放读者调查问卷 500 份,回收调查问卷 500 份,有效调查问卷 459 份,有效回收率为 91.8%。2018 年 4 月至 12 月,笔者对公共图书馆的图书馆馆员进行线上随机问卷调查,在线上投放 400 份图书馆馆员调查问卷,回收调查问卷 400 份,有效调查问卷400 份,有效回收率为 100%。

二、调查内容

为了能达到预期的调查目的,笔者听取了相关专家的建议,对问卷题目与选项进行了斟酌与修改。从调查内容来看,问卷可以充分地体现出此次的调查

目的。问卷采用判断抽样和偶遇抽样相结合的方法,采用线上线下相结合的调查方式,并将实地调查和现场访谈相结合。线下调查问卷采用当面发放、当面填写、当面回收的方式,保证问卷的回收率。调查问卷填写的内容属于零次文献,具有原始性和新颖性,调查过程是真实存在的,在真实数据的基础上进行数据分析与管理,保证实证研究的真实性和可信性。

读者调查问卷共设 28 道题,问卷由四部分组成。第一部分为读者的基本信息,包括性别、年龄、受教育程度、家庭人均月收入和目前或退休前的职业。第二部分为阅读行为,包括读者去图书馆的频率、用时、阅读目的、阅读兴趣、阅读喜好、阅读时间、获取图书馆阅读资源的途径、阅读内容、阅读地点等。第三部分为读者权利,包括基本阅读权、受教育权、公共借阅权、信息获取权、隐私权、知识共享权和知情权。第四部分是读者满意程度,包括纸质资源、电子资源、阅读推广活动、阅读环境、阅读设施、服务素养以及规章制度。

图书馆馆员调查问卷共设 32 道题,问卷由四部分组成。第一部分为图书馆馆员的基本信息,包括性别、年龄、受教育程度、单位性质、职务、图书馆所在区域、家庭人均月收入。第二部分是图书馆利用情况,包括图书馆为读者提供的信息类型、信息获取途径、阅读推广活动类型以及纸质资源、电子资源和阅读推广活动的丰富程度等。第三部分为图书馆保障制度,包括基本阅读权、受教育权、公共借阅权、信息获取权、隐私权、知识共享权和知情权。第四部分为图书馆制度建设,包括建立法人治理结构、成立阅读推广部门、有阅读推广相关规范或标准、成立学术委员会或学术研究部门、为图书馆馆员提供专业培训与辅导、设立文化志愿者保障制度、与行业协会或社会组织合作、建立图书馆联盟以及建立阅读推广评估体系。

三、调查问卷的处理和调查问卷的分析方法

此次调查问卷按照"发放问卷、回收审核、数据录入、数据整理、数据统计"的步骤进行分析处理。在此过程中,笔者采用人工清理和统计软件处理的方式,使用专业统计分析软件 Excel 和 SPSS22 对数据进行统计和分析。

本次调查选择人工发放问卷,未选择电子问卷模式,这是因为在人工回收审核问卷的过程中,集中采用实地回收、系统回收相结合的方式可以对问卷进

行实地审核复查,可以充分地确保回收问卷的有效性、问卷题目的准确性和问卷信息的真实性。此外,人工发放问卷可以在比较集中的时间内同时访问很多调查对象,调查效率很高,可以客观地反映社会现实、收集真实的社会信息,收集到的资料也方便进行定量处理和分析,可以避免主观臆断,减少人为误差。

笔者根据一份问卷中内部问题之间的关联以及多份问卷在同一道题目上的选项,对部分填错、误填或漏填的答案进行修正,将部分乱填的题目、空白的题目合计超过50%的调查问卷视为作废问卷。在调查问卷数据录入环节,单选题作为一个变量进行录入和编码,多项选择题以选项数量为变量进行录入和编码,对选择题中的"其他"选项单独设置字符串变量。在数据整理环节中,笔者主要利用统计软件的频次分析、排序和交叉分类等功能,录入的数据有可能存在错误或超出正常值范围,要对其进行筛选,并大致判断调查的质量。

在整理调查问卷的过程中,当遇到问卷填写不完整的情况时,要对照调查问卷所答问题数量,如果问卷所答问题数量超过问卷总题数的50%,则视为有效问卷。如果问卷所答问题数量没有超过问卷总题数的50%,则视为无效问卷,其数据不计入统计。比如,在基于图书馆馆员的调查问卷中,有关于图书馆所在区域的题目,有些图书馆馆员没有准确地判断出图书馆所处的区域是"中部"、"西部"还是"东部",这时我们需要根据回收问卷的真实地点进行人工修改。个别单选题未做出选择,在不影响调查问卷数据的情况下可以将其视为有效问卷。在有效问卷中,某些题目未给出明确答案,但又不影响问卷调查结果的,我们可以将这种问卷计入总数,但该题目数据不计入统计。当单选题误做成多选题时,由于回收问卷后无法判断被调查人的真实想法,此种问卷视为无效问卷。

第三节　公民阅读权利情况调查
——基于读者的调查

一、调查对象的基本情况

读者的基本情况主要包括性别、年龄、受教育程度、家庭人均月收入、目前或退休前的职业,见表3-1。

表 3-1　调查对象基本情况

基本情况	调查选项	频次	所占比例
性别	男	158	34.4%
	女	301	65.6%
年龄	16~19 岁	50	10.9%
	20~29 岁	182	39.7%
	30~39 岁	87	18.9%
	40~49 岁	62	13.5%
	50~59 岁	33	7.2%
	60 岁或 60 岁以上	45	9.8%
受教育程度	高中以下	64	13.9%
	专科	126	27.5%
	本科	236	51.4%
	研究生	33	7.2%
家庭人均月收入	2000 元以下	52	11.32%
	2001~5000 元	197	42.92%
	5001~8000 元	117	25.49%
	8001~10000 元	47	10.24%
	10001~15000 元	30	6.54%
	15000 元以上	16	3.49%

续表

基本情况	调查选项	频次	所占比例
目前或退休前的职业	企业职工	118	25.71%
	机关事业单位人员	34	7.41%
	军人	6	1.31%
	教师	30	6.54%
	医药行业	9	1.96%
	务农	4	0.87%
	学生	177	38.56%
	个体经营者	15	3.27%
	自由职业者	26	5.66%
	全职主妇或丈夫	16	3.49%
	失业在家	1	0.22%
	其他	23	5.00%

(一)性别

本次调查对象中的女性(65.6%)多于男性(34.4%),见图3-1,即女性读者比男性读者更愿意来图书馆并利用图书馆资源。国内外很多研究发现,性别会影响人们利用图书馆的行为,女性比男性更喜欢使用图书馆。

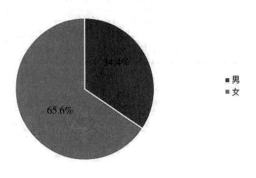

图 3-1　性别分布

(二)年龄

调查结果显示,在各年龄段的读者中,20~29 岁的读者居多(39.7%)。20岁以下的读者(16~19 岁,10.9%)需要面对学业压力以及各种考试,他们不能把太多的时间和精力放在阅读上,去图书馆的时间也比较少,他们是去图书馆阅读的潜在读者。30~39 岁(18.9%)、40~49 岁(13.5%)的读者在职场和生活中更需要各类知识充实自己,这两个年龄段的人大部分已为人父母,陪同子女来图书馆的概率也比较高,他们是去图书馆的主要阅读群体。50~59 岁的读者占比为 7.2%,60 岁或 60 岁以上的读者占比为 9.8%。

(三)教育背景

调查结果显示,受教育程度是影响公众是否利用图书馆的显著因素。在本次调查中,拥有专科及以上学历的群体占大多数,专科占比 27.5%,本科占比51.4%,研究生占比 7.2%,高中以下占比 13.9%。很多相关的研究表明,受教育程度越高的人越有可能成为图书馆的用户。这部分人具有更强的阅读能力和利用图书馆的能力,他们喜欢阅读,兴趣广泛。

(四)家庭人均月收入

调查结果显示,家庭人均月收入在 2001~5000 元的被调查者利用图书馆的概率较高,见图 3-2,占 42.92%。很多研究表明,收入水平是影响人们利用图书馆的重要因素,中等收入家庭更乐于利用图书馆资源。

单位:元

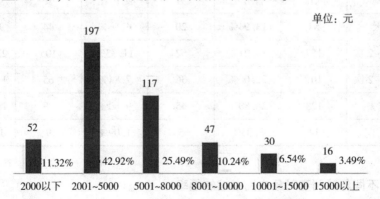

图 3-2　家庭人均月收入

（五）就业情况

此次调查按照行业性特征，即根据生产工作单位所生产的物品或提供的服务将读者分为企业职工、机关事业单位人员、军人、教师、医药行业、务农、学生、个体经营者、自由职业者、全职主妇或丈夫、失业在家和其他。调查结果显示，学生和企业职工在所有调查对象中占比较大，分别为38.56%和25.71%。很多研究表明，有学生的家庭利用图书馆资源的可能性比没有学生的家庭要大。企业职工的工作压力较大，他们需要不断地提升自己的综合能力，去图书馆阅读来充实自己。

二、调查对象的阅读行为分析

（一）调查对象去图书馆的频率

1. 不同性别调查对象去图书馆的频率

从调查对象去图书馆的频率来看，每周1~2次的频率最高。从性别来看，无论是每天、每周1~2次、每月1~2次，还是偶尔去或是其他，女性调查对象去图书馆的频率都高于男性调查对象，见表3-2。

表3-2　性别与去图书馆的频率

频率	人次	百分比	男	男占比	女	女占比
每天	64	13.94%	20	4.36%	44	9.59%
每周1~2次	157	34.21%	52	11.33%	105	22.88%
每月1~2次	101	22.00%	36	7.84%	65	14.16%
偶尔去	123	26.80%	45	9.80%	78	16.99%
其他	14	3.05%	5	1.09%	9	1.96%

2. 不同年龄调查对象去图书馆的频率

从调查对象的年龄来看，60岁或60岁以上的读者每天去图书馆和每周1~

2 次的到馆频率均为各年龄段中最高,此年龄段的调查对象基本上都是已经退休的老年人,他们有充足的闲暇时间,到图书馆的频率与他们的生活方式有关。16~19 岁(34.00%)、20~29 岁(35.71%)、30~39 岁(35.63%)的调查对象在每周 1~2 次的到馆频率上较接近,16~19 岁和 20~29 岁的读者正处于学生时代或者刚刚上班的阶段。在学生时代,图书馆是他们学习知识的最佳场所。当他们开始步入社会,他们会利用一定的时间进行学习和工作。30~39 岁的读者需要兼顾家庭与事业,为了满足亲子阅读,带给子女更多的阅读体验,每周 1~2 次的到馆频率恰恰可以满足他们的需要。40~49 岁的读者更喜欢每月 1~2 次的到馆频率。见表 3-3。

表 3-3　年龄与去图书馆的频率

频率	年龄					
	16~19 岁	20~29 岁	30~39 岁	40~49 岁	50~59 岁	60 岁或 60 岁以上
每天	14.00%	20.88%	3.45%	3.23%	9.09%	24.44%
每周 1~2 次	34.00%	35.71%	35.63%	24.18%	30.30%	42.22%
每月 1~2 次	18.00%	16.48%	31.03%	37.10%	15.15%	15.56%
偶尔去	34.00%	23.63%	28.74%	32.26%	33.34%	15.56%
其他	0.00%	3.30%	1.15%	3.23%	12.12%	2.22%

3. 不同教育背景的调查对象去图书馆的频率

从教育背景来看,高中以下学历的调查对象每周去图书馆 1~2 次的占比最高(40.62%),其次是偶尔去(34.38%)。专科学历的调查对象偶尔去图书馆(37.30%)和每周 1~2 次去图书馆(23.81%)这两项的占比较高。本科学历的调查对象最喜欢每周 1~2 次的到馆频率。研究生学历的调查对象每天都去图书馆的占比最高。见表 3-4。一般而言,受教育程度是影响公众利用图书馆的重要因素,公共图书馆利用率随着读者受教育水平的提高而上升。

表3-4　教育背景与去图书馆的频率

频率	教育背景							
	高中以下	百分比	专科	百分比	本科	百分比	研究生	百分比
每天	5	7.81%	20	15.87%	28	11.86%	11	33.33%
每周1~2次	26	40.62%	30	23.81%	96	40.68%	5	15.15%
每月1~2次	7	10.94%	26	20.64%	62	26.27%	6	18.19%
偶尔去	22	34.38%	47	37.30%	47	19.92%	7	21.21%
其他	4	6.25%	3	2.38%	3	1.27%	4	12.12%

4. 不同经济条件调查对象去图书馆的频率

从家庭的经济条件来看,家庭人均月收入在5001~8000元的调查对象每周去图书馆1~2次的占比最高。其次,家庭人均月收入在8001~10000元的调查对象每周去图书馆1~2次的占比也比较高。数据表明,与其他家庭相比,中等收入的调查对象更愿意走进图书馆,更愿意利用图书馆,见表3-5。

表3-5　经济条件与去图书馆的频率

频率	家庭人均月收入					
	2000元以下	2001~5000元	5001~8000元	8001~10000元	10001~15000元	15000元以上
每天	21.15%	16.75%	9.40%	6.38%	10.00%	18.75%
每周1~2次	32.69%	31.47%	41.03%	38.30%	23.33%	31.25%
每月1~2次	11.54%	20.81%	19.65%	42.55%	26.67%	18.75%
偶尔去	30.77%	28.43%	24.79%	12.77%	40.00%	25.00%
其他	3.85%	2.54%	5.13%	0.00%	0.00%	6.25%

5. 不同就业情况调查对象去图书馆的频率

从就业情况来看,企业职工、教师、医药行业和学生每周去图书馆1~2次的占比较多。对在校学生而言,这与他们的学业要求密不可分,他们需要努力学习,完成预期的学习目标。对企业职工而言,工作经历与生活方式会影响他们的到馆频率,每周1~2次的到馆频率既可以帮助他们进一步地提升综合能力,又可以帮助他们适当放松心情、释放压力。机关事业单位人员、军人和全职主妇或丈夫等调查对象的到馆频率较低,这与他们平时的工作情况有关。首先,军人一直在军营生活,很少有机会到地方图书馆,此外,军营中会配备读书室或者阅览室,可以满足他们的阅读需求。全职主妇或丈夫以照顾家庭为主,所以很少有时间去图书馆。务农、个体经营者和自由职业者把大部分的时间与精力放在生活所需和赚钱养家上,很少会有闲暇时间去图书馆,见表3-6。

表3-6　就业情况与去图书馆的频率

频率	就业情况											
	企业职工	机关事业单位人员	军人	教师	医药行业	务农	学生	个体经营者	自由职业者	全职主妇或丈夫	失业在家	其他
每天	6.78%	11.76%	0.00%	6.68%	0.00%	25.00%	23.73%	13.33%	11.54%	0.00%	0.00%	8.70%
每周1~2次	39.83%	29.41%	16.67%	33.33%	44.44%	0.00%	36.16%	20.00%	15.38%	18.75%	100.00%	43.48%
每月1~2次	26.27%	32.35%	50.00%	23.33%	33.33%	0.00%	14.69%	13.34%	23.08%	50.00%	0.00%	17.38%
偶尔去	27.12%	20.60%	33.33%	33.33%	22.23%	50.00%	22.03%	53.33%	42.31%	31.25%	0.00%	21.74%
其他	0.00%	5.88%	0.00%	3.33%	0.00%	25.00%	3.39%	0.00%	7.69%	0.00%	0.00%	8.70%

(二)调查对象去图书馆的用时

调查结果显示,超过70%的调查对象到距离自己最近的图书馆,需要30分钟以内的步行时间。36.38%的调查对象到距离自己最近的图书馆,用时少于15分钟。17.43%的调查对象到距离自己最近的图书馆,需要0.5~1小时,12.20%的被调查者到距离自己最近的图书馆需要1个小时以上,见表3-7。从数据上不难看出,随着调查对象去图书馆用时的增加,选择去图书馆的调查对象的比例呈现出下降趋势,即去图书馆用时是影响读者去图书馆的直接原因。很多研究发现,人的住所与图书馆的距离会影响一个人利用图书馆的行为,居住在图书馆附近的公民更有可能成为公共图书馆的用户。一些学者认为,住在图书馆附近的公民有更多的机会去了解图书馆的服务信息,他们利用图书馆的时间成本也比其他用户小。因此,理想的情况是公民步行 15 分钟就可以到达图书馆,享受文化服务。

表 3-7 调查对象去图书馆的用时

去图书馆的用时	人次	百分比
少于 15 分钟	167	36.38%
15~30 分钟	156	33.99%
0.5~1 小时	80	17.43%
1~2 小时	38	8.28%
2 小时以上	18	3.92%

(三)调查对象的阅读目的

调查对象的阅读目的具有较强的针对性,他们希望达到的阅读目的依次是增长知识、娱乐休闲、升学需要、工作需要、学术研究、了解时事等。

1. 不同性别调查对象的阅读目的

在增长知识、娱乐休闲、升学需要这些阅读目的中,女性调查对象的比例明显高于男性调查对象的比例,仅在"了解时事"的阅读目的中,男性调查对象的比例略高于女性调查对象的比例,男性对时事政治更感兴趣,见表 3-8。

表 3-8 性别与阅读目的

阅读目的	人次	百分比	男	男占比	女	女占比
升学需要	114	13.60%	24	2.87%	90	10.74%
工作需要	90	10.74%	39	4.65%	51	6.09%

续表

阅读目的	人次	百分比	男	男占比	女	女占比
学术研究	79	9.43%	37	4.42%	42	5.01%
娱乐休闲	168	20.04%	57	6.80%	111	13.25%
增长知识	273	32.58%	91	10.86%	182	21.72%
了解时事	79	9.43%	40	4.77%	39	4.65%
其他	35	4.18%	11	1.31%	24	2.86%

2. 不同年龄调查对象的阅读目的

16~19 岁、20~29 岁的调查对象认为"增长知识"和"升学需要"是他们的主要阅读目的。30~39 岁、40~49 岁和 60 岁或 60 岁以上的调查对象认为"增长知识"、"娱乐休闲"是他们的主要阅读目的。50~59 岁的调查对象认为"增长知识"和"了解时事"是他们的主要阅读目的。也就是说,无论调查对象的年龄如何,他们来图书馆阅读的首要目的都是"增长知识",见表 3-9。

表 3-9　年龄与阅读目的

阅读目的	年龄					
	16~19 岁	20~29 岁	30~39 岁	40~49 岁	50~59 岁	60 岁或 60 岁以上
升学需要	26.55%	23.53%	0.60%	2.91%	0.00%	0.00%
工作需要	0.88%	10.59%	20.24%	17.48%	1.96%	0.00%
学术研究	10.62%	11.47%	8.93%	7.77%	3.92%	16.67%
娱乐休闲	20.35%	17.06%	22.62%	23.30%	17.65%	22.22%
增长知识	31.87%	28.82%	30.95%	34.95%	47.06%	37.50%
了解时事	5.31%	5.88%	11.30%	9.71%	23.53%	16.67%
其他	4.42%	2.65%	5.36%	3.88%	5.88%	6.94%

3. 不同教育背景调查对象的阅读目的

从调查对象的受教育程度来看,高中以下的调查对象的主要阅读目的是"增长知识""娱乐休闲"和"了解时事"。专科学历和本科学历的调查对象的主要阅读目的是"增长知识""娱乐休闲"和"升学需要"。研究生学历的调查对象的主要阅读目的是"增长知识""学术研究"和"娱乐休闲"。从调查数据来看,不同学历的阅读目的存在一些差异,但"增长知识"和"娱乐休闲"始终是他们主要的阅读目的,他们既可以通过阅读解决学习、工作与生活中的问题,又可以通过阅读缓解压力,见表3-10。

表3-10　教育背景与阅读目的

阅读目的	教育背景							
	高中以下	百分比	专科	百分比	本科	百分比	研究生	百分比
升学需要	7	6.73%	36	17.65%	67	14.79%	4	5.20%
工作需要	2	1.92%	14	6.86%	62	13.69%	12	15.58%
学术研究	5	4.81%	7	3.43%	50	11.04%	17	22.08%
娱乐休闲	25	24.04%	44	21.57%	86	18.99%	13	16.88%
增长知识	38	36.54%	73	35.79%	139	30.68%	23	29.87%
了解时事	20	19.23%	18	8.82%	33	7.28%	8	10.39%
其他	7	6.73%	12	5.88%	16	3.53%	0	0.00%

4. 不同经济条件调查对象的阅读目的

除了家庭人均月收入2000元以下的调查对象的主要阅读目的是"增长知识"和"升学需要"以外,其他的调查对象的主要阅读目的都是"增长知识"和"娱乐休闲",可见收入相对较低的家庭更希望通过努力学习和顺利升学来改变现状。调查对象会根据自己家庭的实际收入情况,来进一步选择"工作需要""学术研究"等阅读目的,见表3-11。

表 3-11　经济条件与阅读目的

阅读目的	家庭人均月收入					
	2000 元以下	2001~5000 元	5001~8000 元	8001~10000 元	10001~15000 元	15000 元以上
升学需要	26.00%	14.90%	9.71%	9.68%	4.84%	14.29%
工作需要	5.00%	10.32%	9.71%	19.35%	11.29%	14.29%
学术研究	7.00%	8.02%	11.65%	13.98%	11.29%	0.00%
娱乐休闲	14.00%	19.77%	21.36%	19.35%	24.19%	28.57%
增长知识	30.00%	34.10%	33.00%	29.04%	32.26%	32.14%
了解时事	12.00%	8.31%	11.17%	6.45%	11.29%	7.14%
其他	6.00%	4.58%	3.40%	2.15%	4.84%	3.57%

5. 不同就业情况的调查对象的阅读目的

学生将"增长知识"（29.77%）和"升学需要"（29.77%）作为主要的阅读目的。企业职工、机关事业单位人员、教师、医药行业、个体经营者等调查对象将"增长知识"作为主要的阅读目的。务农、自由职业者、个体经营者、全职主妇或丈夫等调查对象将"增长知识"和"娱乐休闲"作为主要的阅读目的。失业在家的调查对象将"增长知识"和"了解时事"作为主要的阅读目的，见表 3-12。

表 3-12　就业情况与阅读目的

阅读目的	就业情况											
	企业职工	机关事业单位人员	军人	教师	医药行业	务农	学生	个体经营者	自由职业者	全职主妇或丈夫	失业在家	其他
升学需要	2.34%	1.59%	0.00%	0.00%	6.25%	0.00%	29.77%	0.00%	2.56%	0.00%	0.00%	7.89%
工作需要	17.29%	17.46%	11.11%	18.97%	18.75%	0.00%	4.62%	16.67%	5.13%	4.55%	0.00%	10.53%
学术研究	4.20%	11.11%	33.33%	13.79%	18.75%	0.00%	12.43%	4.17%	7.69%	0.00%	0.00%	5.27%
娱乐休闲	21.50%	14.29%	22.22%	15.52%	18.75%	42.86%	16.18%	29.17%	30.77%	40.90%	0.00%	31.58%

续表

阅读目的	就业情况											
	企业职工	机关事业单位人员	军人	教师	医药行业	务农	学生	个体经营者	自由职业者	全职主妇或丈夫	失业在家	其他
增长知识	36.45%	39.68%	11.11%	34.48%	25.00%	28.57%	29.77%	37.50%	35.90%	31.82%	50.00%	23.68%
了解时事	13.55%	11.11%	22.22%	13.79%	12.50%	28.57%	4.34%	8.32%	12.82%	4.55%	50.00%	13.16%
其他	4.67%	4.76%	0.01%	3.45%	0.00%	0.00%	2.89%	4.17%	5.13%	18.18%	0.00%	7.89%

6. 小结

由此可见,无论调查对象的性别、年龄、教育背景、经济条件和就业情况如何,被调查者来图书馆的首要目的都是"增长知识"。图书馆舒适的阅读环境、良好的阅读氛围,越来越受到读者的青睐。图书馆逐渐成为市民的第二起居室,是人与人交流、分享知识与快乐的地方。

(四)调查对象的阅读兴趣

调查结果显示,调查对象对"图书"(40.78%)与"杂志"(20.02%)很感兴趣,其次是"各类数字资源"(13.80%),见表3-13。由于纸质文献特有的质感,读者更倾向于纸质文献。

1. 不同性别调查对象的阅读兴趣

女性调查对象在图书、报纸、杂志、各类数字资源(如数据库)以及图书馆印发的内部阅读资料的阅读数量上均多于男性调查对象,这与调查对象的女性比例(65.6%)多于男性比例(34.4%)有很大的关系。如果调查对象的男女比例相同,我们可以根据表3-13的数据进行推算,实际上,男性调查对象要比女性调查对象对报纸和各类数字资源(如数据库)更感兴趣。

表3-13　性别与阅读兴趣

阅读兴趣	人次	百分比	男	男占比	女	女占比
图书	334	40.78%	109	13.31%	225	27.47%

续表

阅读兴趣	人次	百分比	男	男占比	女	女占比
报纸	108	13.19%	49	5.98%	59	7.20%
杂志	164	20.02%	56	6.84%	108	13.19%
各类数字资源（如数据库）	113	13.80%	47	5.74%	66	8.06%
图书馆印发的内部阅读资料	43	5.25%	18	2.20%	25	3.05%
其他	57	6.96%	17	2.08%	40	4.88%

2. 不同年龄调查对象的阅读兴趣

调查结果显示,16~19 岁、20~29 岁、30~39 岁、40~49 岁的调查对象对图书和杂志比较感兴趣。50~59 岁的调查对象对图书和各类数字资源(如数据库)比较感兴趣。60 岁或 60 岁以上的调查对象对图书、报纸和杂志比较感兴趣,所以在图书馆的报刊阅览室中的大部分读者都是老年读者,见表 3-14。从数据可以看出,图书、报纸和杂志等有文献价值的纸质读物是调查对象的首选,20~29 岁、30~39 岁的调查对象也乐于通过阅读图书、杂志和使用各类数字资源(如数据库)获取各种知识。

表 3-14 年龄与阅读兴趣

阅读兴趣	年龄					
	16~19 岁	20~29 岁	30~39 岁	40~49 岁	50~59 岁	60 岁或60 岁以上
图书	44.32%	44.11%	38.72%	40.71%	36.21%	33.33%
报纸	4.55%	7.41%	17.34%	15.93%	13.79%	28.89%
杂志	17.05%	21.21%	19.08%	24.78%	12.07%	20.00%
各类数字资源（如数据库）	15.90%	15.82%	14.45%	8.85%	20.69%	5.56%

续表

阅读兴趣	年龄					
	16~19 岁	20~29 岁	30~39 岁	40~49 岁	50~59 岁	60 岁或 60 岁以上
图书馆印发的内部阅读资料	5.68%	4.04%	6.36%	2.65%	6.90%	8.89%
其他	12.50%	7.41%	4.05%	7.08%	10.34%	3.33%

3. 不同教育背景调查对象的阅读兴趣

不同受教育程度的调查对象认为阅读图书是他们的首选,而且在各组中的比例趋于一致。随着受教育程度的提高,调查对象通过图书和各类数字资源(如数据库)获取知识资源的比例也越高,使用各类数字资源(如数据库)的比例分别是高中以下 5.66%、专科 11.22%、本科 14.98%、研究生 25.68%,见表3-15。近年来,高学历人群趋于年轻化,所以,我们可以推测大部分高中以下学历的调查对象应该是 16~19 岁的学生,或者是年龄稍大的老年人。根据 16~19 岁学生的阅读特点可知,由于学业繁重,他们的注意力和关注点都集中在各种考试上,无暇顾及各类数字资源(如数据库),所以在所有被调查者中,高中以下的调查对象在此数据中的比例最低。大部分老年人已进入退休生活,对很多事物充满好奇心,特别愿意关注一些内部资料或各类宣传单。因此,高中以下的调查对象对图书馆印发的内部阅读资料感兴趣,比例也最高(10.38%)。

表3-15 教育背景与阅读兴趣

阅读兴趣	教育背景			
	高中以下	专科	本科	研究生
图书	35.85%	37.56%	44.24%	36.49%
报纸	25.47%	11.22%	11.98%	8.10%
杂志	16.04%	26.83%	17.97%	18.92%
各类数字资源(如数据库)	5.66%	11.22%	14.98%	25.68%

续表

阅读兴趣	教育背景			
	高中以下	专科	本科	研究生
图书馆印发的内部阅读资料	10.38%	1.95%	5.76%	4.05%
其他	6.60%	11.22%	5.07%	6.76%

4. 不同经济条件调查对象的阅读兴趣

家庭人均月收入在 2000 元以下、2001～5000 元、5001～8000 元、8001～10000 元、10001～15000 元的调查对象更喜欢通过图书和杂志获取各类信息资源,只有家庭人均月收入在 15000 元以上的调查对象喜欢通过图书和各类数字资源获取各类信息资源,见表 3-16。一般而言,高学历对应高收入,学历越高的调查对象可选择的阅读资源和阅读工具也越多,因此,家庭人均月收入在15000 元以上的调查对象更愿意通过各类数字资源获取知识(19.23%)。

表 3-16　经济条件与阅读兴趣

阅读兴趣	家庭人均月收入					
	2000 元以下	2001～5000 元	5001～8000 元	8001～10000 元	10001～15000 元	15000 元以上
图书	38.46%	42.32%	36.12%	45.24%	45.76%	46.15%
报纸	8.65%	12.54%	14.98%	13.10%	18.64%	11.54%
杂志	20.20%	20.68%	19.82%	21.42%	18.64%	11.54%
各类数字资源(如数据库)	14.42%	13.17%	13.66%	15.48%	11.88%	19.23%
图书馆印发的内部阅读资料	8.65%	4.39%	7.05%	0.00%	3.39%	7.69%
其他	9.62%	6.90%	8.37%	4.76%	1.69%	3.85%

5. 不同就业情况调查对象的阅读兴趣

从就业情况来看,企业职工、医药行业和失业在家的调查对象喜欢通过图书和报纸来获取各类信息资源。机关事业单位人员、军人、学生、个体经营者、自由职业者和全职主妇或丈夫更倾向于通过图书和杂志来获取各类信息资源。教师对使用各类数字资源(如数据库)更感兴趣,见表3-17。报纸上除了有新闻、娱乐、健康等信息外,还会有各种各样的招聘信息。

表 3-17　就业情况与阅读兴趣

阅读兴趣	就业情况											
	企业职工	机关事业单位人员	军人	教师	医药行业	务农	学生	个体经营者	自由职业者	全职主妇或丈夫	失业在家	其他
图书	39.74%	35.44%	28.57%	41.67%	41.67%	16.67%	46.05%	43.47%	34.09%	41.67%	50.00%	28.58%
报纸	21.40%	17.72%	14.28%	13.32%	25.00%	33.33%	4.47%	13.04%	15.90%	12.50%	50.00%	9.52%
杂志	19.65%	20.27%	42.86%	16.67%	0.00%	16.67%	19.59%	26.09%	22.73%	25.00%	0.00%	23.81%
各类数字资源(如数据库)	10.04%	13.92%	14.29%	16.67%	8.33%	0.00%	16.49%	8.70%	15.91%	8.33%	0.00%	19.05%
图书馆印发的内部阅读资料	6.11%	5.06%	0.00%	5.00%	0.00%	0.00%	4.81%	0.00%	6.82%	8.33%	0.00%	7.14%
其他	3.06%	7.59%	0.00%	6.67%	25.00%	33.33%	8.59%	8.70%	4.55%	4.17%	0.00%	11.90%

6. 小结

从调查数据可以看出,人们的阅读兴趣越来越丰富,图书、报纸和杂志等传统文献有各自的特点,它们很受读者欢迎。

(五)调查对象的阅读喜好

从调查结果来看,调查对象更倾向于"专业知识"(28.93%)和"生活类信息(如健康、工作等)"(23.35%),"地方文献类信息"(11.90%)和"普及图书馆知识的信息(9.86%)"也比较受欢迎。调查对象对"活动宣传信息"(8.19%)、

"政府信息"(8.00%)和"培训班信息"(5.86%)和"其他"(3.91%)关注较少,见表3-18。

表3-18 调查对象的阅读喜好

选项	专业知识	政府信息	活动宣传信息	培训班信息	地方文献类信息	普及图书馆知识的信息	生活类信息(如健康、工作等)	其他
人次	311	86	88	63	128	106	251	42
百分比	28.93%	8.00%	8.19%	5.86%	11.90%	9.86%	23.35%	3.91%

1. 不同性别调查对象的阅读喜好

男性调查对象和女性调查对象在"专业知识""生活类信息(如健康、工作等)""地方文献类信息""活动宣传信息""培训班信息"中的比例相当,也就是这几个选项对男性调查对象和女性调查对象来说,他们的需求差不多,差别不大。而在"政府信息"和"普及图书馆知识的信息"中,男性调查对象和女性调查对象存在明显的差别。调查结果显示,男性调查对象比女性调查对象更注重"政府信息"(男11.27%、女6.45%)。一般来说,男性对政治、经济和军事比较感兴趣,女性更注重"普及图书馆知识的信息"(女11.38%、男6.65%),大部分的女性除了工作,还要处理家庭琐事,照顾子女是女性的首要任务,所以对女性来说,她们更关注"普及图书馆知识的信息",见表3-19。

表3-19 性别与阅读喜好

阅读喜好	性别	
	男	女
专业知识	27.75%	29.49%
政府信息	11.27%	6.45%
活动宣传信息	8.09%	8.23%
培训班信息	5.78%	5.90%

续表

阅读喜好	性别	
	男	女
地方文献类信息	13.58%	11.11%
普及图书馆知识的信息	6.65%	11.38%
生活类信息(如健康、工作等)	23.12%	23.46%
其他	3.76%	3.98%

2. 不同年龄调查对象的阅读喜好

调查结果显示,16~19 岁、20~29 岁、30~39 岁、40~49 岁和 50~59 岁的调查对象都比较倾向于"专业知识",他们对"生活类信息(如健康、工作等)"比较关注。60 岁或 60 岁以上的老年人更关注"生活类信息(如健康、工作等)"(37.80%),见表 3-20。随着年龄的增长,人们越来越关注健康信息。老年人的时间比较充裕,他们更注重精神需求。

表 3-20　年龄与阅读喜好

阅读喜好	年龄					
	16~19 岁	20~29 岁	30~39 岁	40~49 岁	50~59 岁	60 岁或 60 岁以上
专业知识	34.51%	34.09%	27.06%	24.50%	26.47%	8.54%
政府信息	6.19%	5.64%	11.93%	7.95%	11.76%	9.76%
活动宣传信息	7.98%	7.90%	7.34%	10.60%	5.88%	9.76%
培训班信息	5.31%	2.26%	7.34%	11.92%	10.29%	7.32%
地方文献类信息	12.39%	14.00%	11.47%	9.27%	11.78%	6.10%
普及图书馆知识的信息	11.50%	10.38%	10.09%	7.28%	8.82%	9.76%
生活类信息(如健康、工作等)	17.70%	22.57%	22.48%	25.17%	19.12%	37.80%

续表

阅读喜好	年龄					
	16~19 岁	20~29 岁	30~39 岁	40~49 岁	50~59 岁	60 岁或 60 岁以上
其他	4.42%	3.16%	2.29%	3.31%	5.88%	10.96%

3. 不同教育背景调查对象的阅读喜好

调查结果显示,具有研究生学历的调查对象更关注"专业知识"。随着学历的不断提升,调查对象对"专业知识"的关注度呈上升趋势,具有高中以下学历的调查对象为 16.67%、专科学历的调查对象为 27.33%、本科学历的调查对象为 31.44%、研究生学历的调查对象为 34.48%。调查对象都比较关注"生活类信息(如健康、工作等)"。具有高中以下学历的调查对象更关注"生活类信息(如健康、工作等)"。随着学历的提升,调查对象对"生活类信息(如健康、工作等)"的关注度呈下降趋势,具有高中以下学历的调查对象为 35.09%、专科学历的调查对象为 24.44%、本科学历的调查对象为 21.14%、研究生学历的调查对象为 18.39%,见表 3-21。

表 3-21 教育背景与阅读喜好

阅读喜好	教育背景			
	高中以下	专科	本科	研究生
专业知识	16.67%	27.33%	31.44%	34.48%
政府信息	6.14%	7.07%	9.06%	6.90%
活动宣传信息	7.89%	8.04%	7.82%	11.49%
培训班信息	8.77%	6.11%	5.51%	3.45%
地方文献类信息	8.77%	10.61%	12.61%	16.09%
普及图书馆知识的信息	8.77%	11.90%	9.22%	8.05%
生活类信息(如健康、工作等)	35.09%	24.44%	21.14%	18.39%
其他	7.90%	4.50%	3.20%	1.15%

4. 不同就业情况调查对象的阅读喜好

调查结果显示,不同行业的调查对象对"专业知识"、"生活类信息(如健康、工作等)"的关注度比较高。医药行业和学生比较关注"专业知识",比例均超过30%,这与他们的专业性质息息相关。自由职业者和全职主妇或丈夫的调查对象比较关注"培训班信息",自由职业者为 14.29%、全职主妇或丈夫为 13.04%。自由职业者想从多方面提升自己,需要社会上的相关培训信息。全职主妇或丈夫更多的是为了照顾子女,为子女寻找合适的培训地点,见表 3 -22。

表 3-22　就业情况与阅读喜好

阅读喜好	就业情况											
	企业职工	机关事业单位人员	军人	教师	医药行业	务农	学生	个体经营者	自由职业者	全职主妇或丈夫	失业在家	其他
专业知识	26.36%	20.78%	14.27%	29.12%	35.29%	0.00%	36.60%	20.00%	22.22%	21.74%	0.00%	17.30%
政府信息	10.26%	15.59%	42.86%	8.86%	5.89%	16.66%	4.79%	0.00%	7.95%	4.36%	0.00%	13.46%
活动宣传信息	8.06%	7.79%	14.29%	7.59%	5.88%	0.00%	7.89%	8.57%	9.52%	13.04%	0.00%	7.69%
培训班信息	5.86%	6.49%	0.00%	8.86%	0.00%	0.00%	2.87%	8.57%	14.29%	13.04%	0.00%	9.62%
地方文献类信息	10.26%	12.99%	14.29%	12.66%	5.88%	16.67%	13.64%	8.57%	9.52%	13.04%	0.00%	9.62%
普及图书馆知识的信息	6.96%	11.69%	0.00%	8.86%	0.00%	0.00%	11.48%	14.29%	11.11%	8.70%	50.00%	11.54%
生活类信息(如健康、工作等)	28.94%	18.18%	14.29%	21.52%	41.18%	50.00%	18.90%	37.14%	20.63%	23.91%	50.00%	25.00%

续表

阅读喜好	就业情况											
	企业职工	机关事业单位人员	军人	教师	医药行业	务农	学生	个体经营者	自由职业者	全职主妇或丈夫	失业在家	其他
其他	3.30%	6.49%	0.00%	2.53%	5.88%	16.67%	3.83%	2.86%	4.76%	2.17%	0.00%	5.77%

（六）调查对象的阅读时间

1. 不同性别调查对象的每天平均阅读时间

在知识信息时代,网络化和个性化对传统阅读方式发起了挑战,人们的阅读时间发生了变化。从调查对象每天平均阅读时间来看,依次为"0.5~1 小时(44.23%)"、"1~2 小时(24.62%)"、"不到 0.5 小时(16.56%)"和"2 小时以上(14.59%)",见表 3-23。

表 3-23　性别与每天平均阅读时间

比例	每天平均阅读时间			
	不到 0.5 小时	0.5~1 小时	1~2 小时	2 小时以上
百分比	16.56%	44.23%	24.62%	14.59%
男占比	5.88%	14.38%	8.28%	5.88%
女占比	10.68%	29.85%	16.34%	8.71%

2. 不同年龄调查对象的每天平均阅读时间

50~59 岁和 60 岁或 60 岁以上的调查对象每天平均阅读时间最长,均超过 2 个小时。从数据来看,60 岁或 60 岁以上的调查对象每天平均阅读时间较长,超过半数的老年人每天平均阅读时间在 1 个小时以上,见表 3-24。30~39 岁的调查对象,大部分已为人父、为人母,阅读主要以亲子阅读为主,超过半数的 30~39 岁的调查对象每天平均阅读时间在 1 个小时以内,"0.5~1 小时"的亲子共读时间可以满足幼儿与父母的需要。

表 3-24　年龄与每天平均阅读时间

每天平均阅读时间	年龄					
	16~19 岁	20~29 岁	30~39 岁	40~49 岁	50~59 岁	60 岁或60 岁以上
不到 0.5 小时	18.00%	15.93%	21.84%	20.97%	6.06%	8.89%
0.5~1 小时	42.00%	40.66%	51.72%	48.39%	48.49%	37.78%
1~2 小时	24.00%	24.73%	21.84%	24.19%	21.21%	33.33%
2 小时以上	16.00%	18.68%	4.60%	6.45%	24.24%	20.00%

3. 不同教育背景调查对象的每天平均阅读时间

从教育背景来看,具有研究生学历的调查对象每天平均阅读时间最长。随着调查对象学历的不断提高,他们的每天平均阅读时间也在不断地增长。从调查数据可以看出,每天平均阅读时间在 2 个小时以上的,具有高中以下学历的调查对象仅为 4.68%、专科学历的调查对象为 12.70%、本科学历的调查对象为16.10%、研究生学历的调查对象为 30.30%,见表 3-25。

表 3-25　教育背景与每天平均阅读时间

每天平均阅读时间	教育背景			
	高中以下	专科	本科	研究生
不到 0.5 小时	21.88%	19.05%	14.41%	12.12%
0.5~1 小时	42.19%	39.68%	48.31%	36.37%
1~2 小时	31.25%	28.57%	21.18%	21.21%
2 小时以上	4.68%	12.70%	16.10%	30.30%

4. 不同经济条件调查对象的每天平均阅读时间

这里的经济条件主要是指家庭人均月收入。调查结果显示,家庭人均月收入在 2000 元以下的调查对象每天平均阅读时间最长（2 小时以上，19.23%）。家庭人均月收入在 2000 元以下和 15000 元以上的调查对象每天平均阅读时间较长。这从侧面反映出收入越高的家庭越追求精神生活，收入越低的家庭越希望通过知识改变现状，见表 3-26。

表 3-26 经济条件与每天平均阅读时间

每天平均阅读时间	经济条件					
	2000 元以下	2001~5000 元	5001~8000 元	8001~10000 元	10001~15000 元	15000 元以上
不到 0.5 小时	19.23%	16.24%	18.80%	12.77%	10.00%	18.75%
0.5~1 小时	36.54%	44.17%	42.74%	51.06%	56.67%	37.50%
1~2 小时	25.00%	23.35%	24.78%	21.28%	30.00%	37.50%
2 小时以上	19.23%	16.24%	13.68%	14.89%	3.33%	6.25%

5. 不同就业情况调查对象的每天平均阅读时间

从就业情况来看，机关事业单位人员和学生每天平均阅读时间相对较长，他们因为工作需要与学业要求，需要获取更多的知识信息。相比之下，个体经营者、失业在家和务农的调查对象因为忙于生计，每天平均阅读时间相对较短，见表 3-27。

表 3-27 就业情况与每天平均阅读时间

每天平均阅读时间	就业情况											
	企业职工	机关事业单位人员	军人	教师	医药行业	务农	学生	个体经营者	自由职业者	全职主妇或丈夫	失业在家	其他
不到 0.5 小时	15.25%	11.76%	33.33%	13.33%	0.00%	50.00%	16.96%	13.33%	34.62%	18.75%	0.00%	8.70%
0.5~1 小时	46.61%	50.00%	66.67%	50.00%	66.67%	50.00%	35.59%	60.00%	30.77%	50.00%	100.00%	65.22%
1~2 小时	27.97%	11.76%	0.00%	26.67%	33.33%	0.00%	26.55%	26.67%	26.92%	18.75%	0.00%	17.38%
2 小时以上	10.17%	26.48%	0.00%	10.00%	0.00%	0.00%	20.90%	0.00%	7.69%	12.50%	0.00%	8.70%

(七)调查对象获取图书馆阅读资源的途径

调查结果显示,调查对象获取图书馆阅读资源的途径有"馆藏目录查询"(23.70%)、"图书馆微信"(19.96%)、"咨询图书馆馆员"(19.23%)、"图书馆移动 APP"(14.24%)、"图书馆主页"(11.12%)、"图书馆微博"(5.82%)和"其他"(5.93%),见表3-28。从性别来看,男性和女性在获取图书馆阅读资源的途径方面存在明显差异,在"咨询图书馆馆员"和"图书馆主页"这两种途径中,男性调查对象的比例高于女性调查对象。在其他检索途径中,女性调查对象均高于男性调查对象。从年龄来看,60 岁或 60 岁以上的调查对象最愿意通过"咨询图书馆馆员"获取阅读资源。从教育背景来看,具有专科学历、本科学历和研究生学历的调查对象主要通过"馆藏目录查询"获取阅读资源,高中以下学历的调查对象更希望通过"咨询图书馆馆员"获取阅读资源。

表 3-28　性别与获取阅读资源的途径

途径	人次	百分比
馆藏目录查询	228	23.70%
图书馆微信	192	19.96%
咨询图书馆馆员	185	19.23%
图书馆移动 APP	137	14.24%
图书馆主页	107	11.12%
图书馆微博	56	5.82%
其他	57	5.93%

(八)调查对象的阅读内容

1.不同性别调查对象的阅读内容

调查结果显示,调查对象关注较多的阅读内容是"文学历史"、"教育文化"

等,"自然科技"、"保健养生"也具有一定的关注度,最后是"各类工具书"、"时事政治"和"财经法律"等。从性别来看,女性在"文学历史"(女 22.94%,男 21.81%)和"教育文化"(女 20.14%,男 13.73%)等阅读内容上均高于男性。男性在"时事政治"(男 17.16%,女 7.69%)、"自然科技"(男 13.24%,女 11.33%)和"财经法律"(男 11.27%,女 8.67%)等阅读内容上均高于女性。男女在使用"各类工具书"方面的比例相差无几。

2. 不同年龄调查对象的阅读内容

从年龄结构来看,16~19岁、20~29岁和40~49岁的调查对象最喜欢阅读文学历史类内容,30~39岁的调查对象最喜欢阅读教育文化类内容,50~59岁和60岁或60岁以上的调查对象最喜欢阅读保健养生类内容。由此可见,随着年龄的增长,人们喜欢的阅读内容也会发生变化,见表3-29。

表 3-29　年龄与阅读内容

阅读内容	年龄					
	16~19 岁	20~29 岁	30~39 岁	40~49 岁	50~59 岁	60 岁或 60 岁以上
时事政治	11.28%	9.20%	8.75%	11.80%	17.77%	16.98%
财经法律	4.84%	10.95%	11.67%	9.32%	11.11%	4.72%
文学历史	30.65%	24.63%	20.00%	21.74%	16.67%	16.98%
教育文化	15.32%	17.16%	20.83%	18.63%	15.56%	16.98%
自然科技	18.55%	11.69%	13.33%	10.56%	8.89%	7.55%
保健养生	2.42%	7.46%	12.92%	12.42%	18.89%	29.25%
各类工具书	11.29%	13.93%	10.00%	14.29%	6.67%	3.77%
其他	5.65%	4.98%	2.50%	1.24%	4.44%	3.77%

3. 不同教育背景调查对象的阅读内容

从教育背景来看,随着受教育程度的提高,调查对象对"文学历史"和"各类工具书"的需求呈上升趋势,具有高中以下学历的调查对象大部分是60岁或60

岁以上的老年人,他们的阅读内容更倾向于保健养生,见表3-30。

表3-30　教育背景与阅读内容

阅读内容	教育背景			
	高中以下	专科	本科	研究生
时事政治	12.50%	10.21%	10.49%	17.07%
财经法律	6.25%	10.92%	10.02%	7.32%
文学历史	15.63%	20.77%	24.32%	25.61%
教育文化	20.31%	14.79%	18.44%	19.51%
自然科技	7.03%	13.39%	13.04%	7.32%
保健养生	28.12%	11.97%	8.74%	8.54%
各类工具书	7.03%	10.56%	12.09%	14.63%
其他	3.13%	7.39%	2.86%	0.00%

4. 不同经济条件调查对象的阅读内容

从不同经济条件来看,调查对象普遍比较关注文学历史类内容和教育文化类内容。月收入在2000元以下、2001~5000元和5001~8000元的调查对象比较喜欢阅读文学历史类内容,见表3-31。

表3-31　经济条件与阅读内容

阅读内容	经济条件					
	2000元以下	2001~5000元	5001~8000元	8001~10000元	10001~15000元	15000元以上
时事政治	13.24%	10.29%	12.96%	12.50%	6.67%	4.55%
财经法律	8.09%	8.28%	11.63%	10.00%	12.00%	9.08%
文学历史	23.53%	23.04%	19.27%	22.50%	26.67%	29.55%
教育文化	19.85%	16.78%	16.61%	20.83%	20.00%	18.18%

续表

阅读内容	经济条件					
	2000 元以下	2001~5000 元	5001~8000 元	8001~10000 元	10001~15000 元	15000 元以上
自然科技	9.56%	13.20%	11.30%	10.00%	12.00%	18.18%
保健养生	8.82%	14.09%	12.28%	8.33%	10.66%	4.55%
各类工具书	11.03%	10.29%	11.30%	14.17%	12.00%	13.64%
其他	5.88%	4.03%	4.65%	1.67%	0.00%	2.27%

5. 不同就业情况调查对象的阅读内容

从不同就业情况来看，企业职工、教师、学生、个体经营者、自由职业者和全职主妇或丈夫等调查对象主要喜欢阅读文学历史类内容和教育文化类内容。机关事业单位人员、医药行业的调查对象更喜欢阅读与实际工作相关的时事政治类内容和保健养生类内容，见表3-32。

表 3-32 就业情况与阅读内容

阅读内容	就业情况											
	企业职工	机关事业单位人员	军人	教师	医药行业	务农	学生	个体经营者	自由职业者	全职主妇或丈夫	失业在家	其他
时事政治	12.01%	18.81%	10.00%	6.85%	10.53%	33.33%	9.80%	12.50%	11.94%	2.38%	0.00%	10.77%
财经法律	9.74%	11.89%	50.00%	5.47%	5.26%	16.67%	8.78%	6.25%	13.43%	4.76%	0.00%	10.77%
文学历史	19.48%	18.81%	10.00%	24.66%	15.79%	0.00%	27.14%	18.75%	23.88%	19.05%	0.00%	21.54%
教育文化	18.18%	12.87%	10.00%	28.77%	15.79%	16.67%	17.34%	18.75%	11.94%	28.57%	50.00%	13.85%
自然科技	8.77%	12.87%	10.00%	10.96%	15.79%	0.00%	13.57%	9.37%	13.43%	16.67%	0.00%	15.38%
保健养生	16.88%	9.90%	0.00%	12.33%	21.05%	33.33%	5.53%	18.75%	14.93%	14.29%	50.00%	15.38%
各类工具书	12.34%	10.89%	10.00%	6.85%	5.26%	0.00%	13.32%	12.50%	5.97%	9.52%	0.00%	9.23%

续表

阅读内容	就业情况											
	企业职工	机关事业单位人员	军人	教师	医药行业	务农	学生	个体经营者	自由职业者	全职主妇或丈夫	失业在家	其他
其他	2.60%	3.96%	0.00%	4.11%	10.53%	0.00%	4.52%	3.13%	4.48%	4.76%	0.00%	3.08%

（九）调查对象的阅读地点

1. 不同性别调查对象的阅读地点

从调查数据来看,"图书馆/图书室"、"家"和"学校"为调查对象的主要阅读地点。相比之下,调查对象在"单位"、"公共场所"和"书店"等地点进行阅读的情况较少。从性别来看,女性喜欢在"图书馆/图书室"、"学校"和"书店"等地阅读,男性更愿意在"家"、"单位"和"公共场所"等地阅读。

2. 不同年龄调查对象的阅读地点

从年龄看,调查对象更愿意在"图书馆/图书室"和"家"中享受阅读时光。随着年龄的增长和社会角色的变化,调查对象的阅读地点也从学校变为单位,当他们到了退休年龄,就会有更多的闲暇时间,阅读地点变为书店,见表3-33。

表 3-33　年龄与阅读地点

阅读地点	年龄					
	16~19 岁	20~29 岁	30~39 岁	40~49 岁	50~59 岁	60 岁或60 岁以上
图书馆/图书室	27.34%	38.08%	26.70%	30.23%	25.33%	40.78%
家	26.57%	21.64%	38.22%	37.98%	38.67%	35.53%
单位	2.34%	5.75%	13.61%	13.95%	14.67%	1.32%
学校	26.56%	22.74%	2.62%	0.78%	2.67%	3.95%
公共场所	4.69%	3.01%	5.76%	3.10%	5.33%	5.26%

续表

阅读地点	年龄					
	16~19 岁	20~29 岁	30~39 岁	40~49 岁	50~59 岁	60 岁或 60 岁以上
书店	10.94%	7.12%	8.90%	11.63%	8.00%	9.21%
其他	1.56%	1.66%	4.19%	2.33%	5.33%	3.95%

3. 不同教育背景调查对象的阅读地点

从受教育程度来看,无论受教育程度是高还是低,大部分调查对象更倾向于选择"图书馆/图书室"和在"家"中阅读。随着受教育程度的提高,阅读地点从书店向学校、单位转变。大部分在校的专科学生和本科学生选择在学校阅读,他们获取阅读内容的渠道比较单一。具有研究生学历的调查对象大部分有稳定的工作和多样的获取阅读内容的渠道,单位也是他们获取阅读内容必不可少的地点,见表3-34。

表 3-34　教育背景与阅读地点

阅读地点	教育背景			
	高中以下	专科	本科	研究生
图书馆/图书室	30.95%	36.18%	31.03%	33.72%
家	38.89%	26.02%	29.64%	32.56%
单位	3.17%	6.50%	9.68%	12.79%
学校	7.94%	15.85%	13.64%	11.63%
公共场所	4.76%	4.88%	3.95%	2.33%
书店	8.73%	7.72%	9.89%	5.81%
其他	5.56%	2.85%	2.17%	1.16%

4. 不同经济条件调查对象的阅读地点

从不同经济条件来看,该因素对调查对象选择阅读地点没有明显的影响。

大部分的调查对象会选择"图书馆/图书室"和"家",还有"学校"和"单位"。家庭人均月收入在2000元以下的调查对象更喜欢在图书馆/图书室阅读,家庭人均月收入在5001~8000元、8001~10000元和10001~15000元的调查对象更喜欢在单位阅读,见表3-35。

表3-35 经济条件与阅读地点

阅读地点	家庭人均月收入					
	2000元以下	2001~5000元	5001~8000元	8001~10000元	10001~15000元	15000元以上
图书馆/图书室	32.43%	34.07%	28.68%	37.50%	28.57%	41.38%
家	20.72%	28.68%	32.17%	37.50%	37.14%	31.03%
单位	2.70%	6.86%	10.08%	10.23%	17.14%	6.90%
学校	25.23%	15.20%	9.30%	7.95%	5.71%	10.34%
公共场所	3.60%	3.18%	7.36%	1.14%	2.87%	3.45%
书店	10.82%	10.54%	8.14%	3.41%	7.14%	3.45%
其他	4.50%	1.47%	4.27%	2.27%	1.43%	3.45%

5. 不同就业情况调查对象的阅读地点

从就业情况来看,企业职工、医药行业人员、教师、个体经营者、自由职业者、务农和全职主妇或丈夫等主要选择"家"作为阅读场所,白天大部分时间他们都在工作,只有回到家中才有娱乐休闲的时间。机关事业单位人员和学生主要选择"图书馆/图书室"作为阅读场所,图书馆具有便捷性与公益性的特点,机关事业单位人员和学生更愿意到图书馆阅读,见表3-36。

表 3-36　就业情况与阅读地点

阅读地点	就业情况											
	企业职工	机关事业单位人员	军人	教师	医药行业人员	务农	学生	个体经营者	自由职业者	全职主妇或丈夫	失业在家	其他
图书馆/图书室	29.61%	32.14%	0.00%	24.05%	25.00%	14.29%	37.53%	37.14%	32.08%	28.12%	50.00%	33.33%
家	38.20%	26.19%	42.86%	36.71%	50.00%	42.86%	19.18%	37.14%	39.62%	43.75%	50.00%	35.29%
单位	14.16%	15.48%	42.86%	17.72%	12.50%	0.00%	0.82%	5.71%	5.66%	3.13%	0.00%	11.76%
学校	1.72%	5.95%	0.00%	6.33%	6.25%	0.00%	29.86%	0.00%	3.77%	0.00%	0.00%	3.92%
公共场所	4.72%	4.76%	0.00%	5.06%	0.00%	0.00%	3.01%	2.86%	5.66%	12.50%	0.00%	3.92%
书店	8.59%	10.72%	0.00%	8.86%	0.00%	14.28%	8.22%	17.15%	11.32%	6.25%	0.00%	7.86%
其他	3.00%	4.76%	14.28%	1.27%	6.25%	28.57%	1.38%	0.00%	1.89%	6.25%	0.00%	3.92%

（十）调查对象在图书馆的权利

为了调查图书馆可以保障公民的哪些权利,设置了 7 道题,涉及"基本阅读权""受教育权""公共借阅权""信息获取权""隐私权""知识共享权"和"知情权"。调查结果显示,超过 90%的调查对象认为自己在图书馆里可以自由平等地享受基本阅读权,有 6.97%的调查对象认为自己无法在图书馆里自由平等地享受基本阅读权。超过 80%的调查对象认为自己可以在图书馆里享有受教育权和公共借阅权,有 7%左右的调查对象认为自己无法在图书馆里享有受教育权和公共借阅权。超过 80%的调查对象认为图书馆可以保障自己的信息获取权、知识共享权以及知情权,有 20%左右的调查对象不知道此权利或者认为自己的信息获取权、知识共享权以及知情权没有得到图书馆的保障。有 79.30%的调查对象认为图书馆可以保障自己的隐私权,超过 20%的调查对象不知道此权利或认为图书馆不能保障读者隐私权,见表 3-37。从年龄来看,随着年龄的增长,调查对象认为自己在图书馆内享有的权利在转变,由阅读权和受教育权向公共借阅权、信息获取权和知情权转变,基本阅读权和受教育权是调查对象在图书馆享有的最基本权利,但公共借阅权和信息获取权等其他权利也会受到关注。从教育背景来看,具有高中以下学历、专科学历和本科学历的调查对象认为自己在图书馆首先享有的是基本阅读权和受教育权,具有研究生学历的调查对象认为自己在图书馆里享有公共借阅权和信息获取权。由此可见,学历越高的调查对象对图书馆的服务需求越多样化,他们有不同的精神文化需要。从不同的经济条件来看,家庭人均月收入在15000元以上的调查对象更加注重满足自己的信息获取权、隐私权、知识共享权和知情权。

表3-37 调查对象在图书馆可享受的权利

选项	基本阅读权	受教育权	公共借阅权	信息获取权	隐私权	知识共享权	知情权
是	90.41%	88.89%	89.11%	83.88%	79.30%	83.01%	83.01%
否	6.97%	6.97%	7.19%	7.84%	7.19%	6.75%	6.10%
不知道	2.62%	4.14%	3.70%	8.28%	13.51%	10.24%	10.89%

(十一)调查对象对图书馆的满意程度

调查对象对图书馆的满意程度共设置7道题,内容涵盖"纸质资源""电子资源""阅读推广活动""阅读环境""阅读设施""服务素养""规章制度",见表3-38。

表3-38 调查对象对图书馆的满意程度

满意程度	纸质资源	电子资源	阅读推广活动	阅读环境	阅读设施	服务素养	规章制度
非常满意	54.90%	46.19%	49.67%	56.21%	55.34%	54.68%	50.54%
满意	38.13%	38.78%	37.04%	32.90%	30.28%	32.68%	35.73%
一般	6.32%	13.29%	12.85%	10.24%	13.51%	11.11%	10.02%
不满意	0.22%	1.52%	0.44%	0.65%	0.65%	1.09%	2.62%

续表

满意程度	纸质资源	电子资源	阅读推广活动	阅读环境	阅读设施	服务素养	规章制度
很不满意	0.43%	0.22%	0.00%	0.00%	0.22%	0.44%	1.09%

在纸质资源方面,有93.03%的调查对象表示满意,6.32%的调查对象认为一般,0.65%的调查对象表示不满意。从性别来看,女性调查对象对图书馆纸质资源的满意程度高于男性调查对象对图书馆纸质资源的满意程度(女61.87%,男31.16%)。从年龄来看,20~29岁的调查对象对图书馆纸质资源的满意程度最高(37.04%),50~59岁的调查对象对图书馆纸质资源的满意程度最低(6.54%)。从教育背景来看,具有本科学历的调查对象对图书馆纸质资源的满意程度最高(47.93%)。具有研究生学历的调查对象对图书馆纸质资源的满意程度最低(5.88%),说明纸质资源不能很好地满足他们的阅读需求。从收入来看,家庭人均月收入在2001~5000元的调查对象对图书馆纸质资源的满意程度最高(40.96%),家庭人均月收入在15000元以上的调查对象对图书馆纸质资源的满意程度最低(2.83%)。

在电子资源方面,有84.97%的调查对象表示满意,13.29%的调查对象认为一般,1.74%的调查对象表示不满意。从性别来看,女性调查对象对图书馆电子阅读资源的满意程度高于男性调查对象(女56.43%,男28.54%)。从年龄来看,20~29岁的调查对象对图书馆电子资源的满意程度最高(16.41%),50~59岁的调查对象对图书馆电子资源的满意程度最低(6.10%)。从教育背景来看,具有本科学历的调查对象对图书馆电子资源的满意程度最高(43.79%),具有研究生学历的调查对象对图书馆电子资源的满意程度最低(4.79%)。从收入来看,家庭人均月收入在2001~5000元的调查对象对图书馆电子资源的满意程度最高(38.35%),家庭人均月收入在15000元以上的调查对象对图书馆电子资源的满意程度最低(2.39%)。

在阅读推广活动方面,有86.71%的调查对象表示满意,12.85%的调查对象认为一般,0.44%的调查对象表示不满意。从性别来看,女性调查对象对图书馆阅读推广活动的满意程度高于男性调查对象对图书馆阅读推广活动的满意程度(女57.51%,男29.19%)。从年龄来看,20~29岁的调查对象对图书馆阅读推广活动的满意程度最高(32.25%),50~59岁的调查对象对图书馆阅读推广活动的满意程度最低(6.53%)。从教育背景来看,具有本科学历的研究对象对图书馆阅读推广活动的满意程度最高(44.66%),具有研究生学历的调查对象对图书馆阅读推广活动的满意程度最低(5.01%)。从收入来看,家庭人均月收入在2001~5000元的调查对象对图书馆阅读推广活动的满意程度最高(38.78%),家庭人均月收入在15000元以上的调查对象对图书馆阅读推广活动的满意程度最低(2.18%)。

在阅读环境方面,有89.11%的调查对象表示满意,10.24%的调查对象认为一般,0.65%的调查对象表示不满意。从性别来看,女性调查对象对图书馆阅读环境的满意程度高于男性调查对象对图书馆阅读环境的满意程度(女59.04%,男30.07%)。从年龄来看,20~29岁的调查对象对图书馆阅读环境的满意程度最高(35.08%),50~59岁的调查对象对图书馆阅读环境的满意程度最低(6.32%)。从教育背景来看,具有本科学历的研究对象对图书馆阅读环境的满意程度最高(45.75%),具有研究生学历的调查对象对图书馆阅读环境的满意程度最低(5.01%)。从收入来看,家庭人均月收入在2001~5000元的调查对象对图书馆阅读环境的满意程度最高(40.74%),家庭人均月收入在15000元以上的调查对象对图书馆阅读环境的满意程度最低(2.83%)。

在阅读设施方面,有85.62%的调查对象表示满意,13.51%的调查对象认为一般,0.87%的调查对象表示不满意。从性别来看,女性调查对象对图书馆阅读设施的满意程度高于男性调查对象对图书馆阅读设施的满意程度(女55.34%,男30.28%)。从年龄来看,20~29岁的调查对象对图书馆阅读设施的满意程度最高(32.47%),50~59岁的调查对象对图书馆阅读设施的满意程度最低(6.32%)。从教育背景来看,具有本科学历的研究对象对图书馆阅读设施的满意程度最高(44.01%),具有研究生学历的调查对象对图书馆阅读设施的满意程度最低(4.57%)。从收入来看,家庭人均月收入在2001~5000元的调查对象对图书馆阅读设施的满意程度最高(38.57%),家庭人均月收入在15000元以上的调查对象对图书馆阅读设施的满意程度最低(2.61%)。

在服务素养方面,有87.36%的调查对象表示满意,11.11%的调查对象认为一般,1.53%的调查对象表示不满意。从性别来看,女性调查对象对图书馆服务态度的满意程度高于男性调查对象对图书馆服务态度的满意程度(女

57.52%,男29.85%)。从年龄来看,20~29岁的调查对象对图书馆服务态度的满意程度最高(34.21%),50~59岁的调查对象对图书馆服务态度的满意程度最低(6.10%)。从教育背景来看,具有本科学历的研究对象对图书馆服务态度的满意程度最高(45.54%),具有研究生学历的调查对象对图书馆服务态度的满意程度最低(5.01%)。从收入来看,家庭人均月收入在2001~5000元的调查对象对图书馆服务态度的满意程度最高(39.22%),家庭人均月收入在15000元以上的调查对象对图书馆服务态度的满意程度最低(3.05%)。

在规章制度方面,有86.27%的调查对象表示满意,10.02%的调查对象认为一般,3.71%的调查对象表示不满意。从性别来看,女性调查对象对图书馆规章制度的满意程度高于男性调查对象对图书馆规章制度的满意程度(女57.85%,男30.28%)。从年龄来看,20~29岁的调查对象对图书馆规章制度的满意程度最高(34.42%),50~59岁的调查对象对图书馆规章制度的满意程度最低(5.88%)。从教育背景来看,具有本科学历的调查对象对图书馆规章制度的满意程度最高(44.66%),具有研究生学历的调查对象对图书馆规章制度的满意程度最低(4.14%)。从收入来看,家庭人均月收入在2001~5000元的调查对象对图书馆规章制度的满意程度最高(39.22%),家庭人均月收入在15000元以上的调查对象对图书馆规章制度的满意程度最低(2.83%)。

第四节 图书馆保障公民阅读权利调查
——基于图书馆馆员的调查

一、调查对象的基本情况

图书馆馆员的基本情况主要包括性别、年龄、受教育程度、单位性质、职务、图书馆所在区域和家庭人均月收入。从性别来看,本次调查对象中,女性图书馆馆员(76.00%)多于男性图书馆馆员(24.00%)。从年龄来看,本次调查对象中30~39岁的图书馆馆员和40~49岁的图书馆馆员占多数,分别占总人数的37.00%和26.00%,说明这两个年龄段的图书馆馆员在图书馆中的数量较多,是图书馆的中坚力量。从受教育程度来看,本次调查对象中,本科以上的图书馆馆员占71.50%,说明图书馆馆员的学历有向高学历发展的趋势。从单位性质来看,本次参与调查的图书馆馆员中,市级图书馆馆员最多,占总人数的62.00%。省级图书馆、县级市/区图书馆与社区/街道图书馆(室)的馆员占比相当,分别是11.50%、14.00%和10.25%。国家图书馆馆员参与本次调查的人数较少,仅有2.25%。从职务来看,本次调查对象中,基层馆员占比较多,达到71.50%。从图书馆所在区域来看,东部图书馆的数量已超过半数,达到50.50%。从家庭人均月收入来看,本次调查对象的家庭人均月收入处于中等收入水平,家庭人均月收入在2001~8000元的图书馆馆员共占62.50%。见表3-39。

表 3-39　调查对象基本情况

基本情况	调查选项	频次	所占比例
性别	男	96	24.00%
	女	304	76.00%
年龄	20~29 岁	84	21.00%
	30~39 岁	148	37.00%
	40~49 岁	104	26.00%
	50~59 岁	58	14.50%
	60 岁或 60 岁以上	6	1.50%
受教育程度	高中以下	28	7.00%
	专科	86	21.50%
	本科	182	45.50%
	研究生	104	26.00%

续表

基本情况	调查选项	频次	所占比例
单位性质	国家图书馆	9	2.25%
	省级图书馆	46	11.50%
	市级图书馆	248	62.00%
	县级市/区图书馆	56	14.00%
	社区/街道图书馆(室)	41	10.25%
职务	基层馆员	286	71.50%
	中层干部	70	17.50%
	管理层	44	11.00%
图书馆所在区域	东部	202	50.50%
	中部	172	43.00%
	西部	26	6.50%
家庭人均月收入(元)	2000 以下	90	22.50%
	2001~5000	134	33.50%
	5001~8000	116	29.00%
	8001~10000	34	8.50%
	10001~15000	14	3.50%
	15001~20000	6	1.50%
	20000 以上	6	1.50%

二、图书馆利用情况

（一）图书馆提供的信息类型

1.图书馆所在区域与图书馆提供的信息类型

从调查数据的结果来看,东部地区的图书馆多提供"专业知识"(18.70%)、"普及图书馆知识的信息"(15.90%)、"地方文献类信息"(15.70%)和"生活类信息(如健康、工作等)"(15.70%),中部地区的图书馆多提供"专业知识"(18.50%)、"生活类信息(如健康、工作等)"(17.40%)和"普及图书馆知识的信息"(14.90%),西部地区的图书馆多提供"政府信息"(20.90%)、"活动宣传信息"(18.60%)和"培训班信息"(9.30%)。见表3-40。从不同区域图书馆可以提供的信息类型来看,东部地区的图书馆和中部地区的图书馆提供的大部分的信息在类型上基本相同。东部地区的图书馆和中部地区的图书馆提供的信息中,政府信息是差异最大的,东部地区的图书馆提供的政府信息占比为9.30%,中部地区的图书馆提供的政府信息占比为11.60%。西部地区的图书馆可提供的信息类型与东部地区的图书馆和中部地区的图书馆不同,表现比较突出的是专业知识和政府信息的占比。东部地区的图书馆和中部地区的图书馆的专业知识占比最高,平均占比约18.60%,西部地区的图书馆的专业知识占比11.60%。西部地区的图书馆提供的信息类型中占比最多的是政府信息(20.90%)。在其他信息类型的占比上,三大区域的图书馆大致趋同,这说明东部地区的图书馆和中部地区的图书馆更注重专业知识的信息服务工作,西部地区的图书馆更专注于政府信息以及对相关政策的解读。

表 3-40　图书馆所在区域与图书馆提供的信息类型

区域	信息类型							
	专业知识	政府信息	活动宣传信息	培训班信息	地方文献类信息	普及图书馆知识的信息	生活类信息(如健康、工作等)	其他
东部	18.70%	9.30%	15.00%	8.10%	15.70%	15.90%	15.70%	1.60%
中部	18.50%	11.60%	13.80%	9.10%	14.30%	14.90%	17.40%	0.40%
西部	11.60%	20.90%	18.60%	9.30%	11.60%	11.60%	16.30%	0.10%

2. 单位性质与图书馆提供的信息类型

调查数据显示,市级图书馆在"专业知识"(66.46%)、"政府信息"(58.17%)、"活动宣传信息"(56.72%)、"培训班信息"(51.28%)、"地方文献类信息"(62.05%)、"普及图书馆知识信息"(60.00%)和"生活类信息"(60.00%)等方面的比例均高于国家图书馆、省级图书馆、县级市/区图书馆和社区/街道图书馆(室),见表3-41。国家图书馆和省级图书馆在"专业知识"上的占比较低(分别是2.99%和8.39%),在"培训班信息"和"政府信息"上的占比较高,可见国家图书馆和省级图书馆在提供"培训班信息"和"政府信息"上具有优势。市级图书馆在"专业知识"上的占比较高,在"培训班信息"上的占比较低。县级市/区图书馆和社区/街道图书馆(室)提供的信息类型主要是"生活类信息"。

表 3-41　单位性质与图书馆提供的信息类型

单位性质	信息类型							
	专业知识	政府信息	活动宣传信息	培训班信息	地方文献类信息	普及图书馆知识信息	生活类信息(如健康工作等)	其他
国家图书馆	2.99%	6.12%	5.97%	7.69%	3.65%	3.57%	4.67%	10.00%
省级图书馆	8.39%	20.41%	14.92%	23.07%	11.68%	13.57%	11.34%	10.00%

续表

单位性质	信息类型							
	专业知识	政府信息	活动宣传信息	培训班信息	地方文献类信息	普及图书馆知识信息	生活类信息(如健康工作等)	其他
市级图书馆	66.46%	58.17%	56.72%	51.28%	62.05%	60.00%	60.00%	70.00%
县级市/区图书馆	13.77%	8.16%	13.43%	6.41%	13.14%	12.14%	14.67%	10.00%
社区/街道图书馆(室)	8.39%	7.14%	8.96%	11.55%	9.48%	10.72%	9.32%	0.00%

(二)图书馆提供的信息获取途径

1.图书馆所在区域与图书馆提供的信息获取途径

从调查结果来看,东部地区的图书馆在"图书馆移动APP"(16.20%)、"图书馆微信"(17.60%)和"图书馆主页"(17.60%)的比例高于中部地区的图书馆和西部地区的图书馆。中部地区的图书馆在"馆藏目录查询"(19.40%)的比例高于东部地区的图书馆和西部地区的图书馆。西部地区的图书馆在"咨询图书馆馆员"(25.10%)和"图书馆微博"(13.60%)的比例高于东部地区的图书馆和中部地区的图书馆,见表3-42。对不同区域图书馆提供的信息获取途径进行差异对比后我们发现,东部地区的图书馆和中部地区的图书馆在信息获取途径上基本相同,馆藏目录查询和咨询图书馆馆员的占比均在19.00%左右。在其他渠道获取图书馆信息方面,东部地区的图书馆占比1.20%,中部地区的图书馆和西部地区的图书馆占比分别是0.70%和0.00%,虽然总体占比不高,但说明东部地区的图书馆在信息提供渠道方面呈现出多元化发展的态势。对西部地区的图书馆而言,咨询图书馆馆员占比25.10%,明显高于东部地区的图书馆和西部的图书馆。在馆藏目录查询方面,西部地区的图书馆是15.90%,东部地区的图书馆和中部地区的图书馆平均值是19.00%,西部地区的图书馆明显低于其他两个地区的图书馆,这说明西部地区的图书馆在图书馆自动化服务的开展方面要落后于东部地区的图书馆和中部地区的图书馆,读者仍然要依靠图书馆馆员来获取图书信息。在图书馆微信方面,西部地区的图书馆是13.60%,东部地区的图书馆和中部地区的图书馆占比分别是 17.60% 和 17.50%,西部地区的图书馆明显低于东部地区的图书馆和中部地区的图书馆。因此,西部地区的图书馆应加强图书馆信息自动化建设、做好现代化服务工作,提高西部地区的图书馆信息服务效率和服务水平。

表 3-42　图书馆所在区域与图书馆提供的信息获取途径

区域	信息获取途径						
	馆藏目录查询	咨询图书馆馆员	图书馆移动 APP	图书馆微信	图书馆微博	图书馆主页	其他
东部	18.60%	18.60%	16.20%	17.60%	10.20%	17.60%	1.20%
中部	19.40%	20.70%	14.00%	17.50%	10.20%	17.50%	0.70%
西部	15.90%	25.10%	15.90%	13.60%	13.60%	15.90%	0.00%

2. 单位性质与图书馆提供的信息获取途径

调查数据显示,市级图书馆在"馆藏目录查询"(63.22%)、"咨询图书馆馆员"(60.66%)、"图书馆移动 APP"(63.38%)、"图书馆微信"(62.74%)、"图书馆微博"(48.96%)和"图书馆主页"(61.73%)等方面的比例均高于国家图书馆、省级图书馆、县级市/区图书馆和社区/街道图书馆(室),馆藏目录查询和图书馆移动 APP 是市级图书馆能够提供的主要的信息获取途径,见表 3-43。在国家图书馆、省级图书馆和社区/街道图书馆(室)提供的信息获取途径中,"图书馆微博"的占比较高,分别是 6.25%、17.71% 和 15.62%。在市级图书馆和县级市/区图书馆提供的信息获取途径中,"图书馆移动 APP"的占比较高,分别是63.38% 和 14.79%,而"图书馆微博"的占比较低,分别是48.96% 和 11.46%。

表 3-43　单位性质与图书馆提供的阅读途径

单位性质	获取途径						
	馆藏目录查询	咨询图书馆馆员	图书馆移动 APP	图书馆微信	图书馆微博	图书馆主页	其他
国家图书馆	3.45%	4.92%	4.23%	3.11%	6.25%	3.70%	10.00%
省级图书馆	10.92%	10.93%	6.34%	11.18%	17.71%	10.50%	0.00%
市级图书馆	63.22%	60.66%	63.38%	62.74%	48.96%	61.73%	70.00%
县级市/区图书馆	14.37%	14.75%	14.79%	14.27%	11.46%	14.20%	20.00%
社区/街道图书馆(室)	8.04%	8.74%	11.26%	8.70%	15.62%	9.87%	0.00%

(三) 图书馆提供的阅读推广活动类型

1. 图书馆所在区域与图书馆阅读推广活动类型

从调查结果来看,东部地区的图书馆在提供"内部资料宣传、推荐书目"(20.60%)和"书友会"(17.30%)等阅读推广活动的比例高于中部地区的图书馆和西部地区的图书馆。中部地区的图书馆在提供"老年人读书活动(如扶老上网等)"(15.40%)和"残障人士活动"(9.80%)等阅读推广活动的比例高于东部地区的图书馆和西部地区的图书馆。西部地区的图书馆在提供"未成年人读者活动"(18.20%)、"讲座、展览、培训"(27.30%)和"进城务工人员活动"(9.10%)等阅读推广活动的比例高于东部地区的图书馆和中部地区的图书馆,见表 3-44。我们对不同区域的图书馆阅读推广活动进行分析后可以发现,东部、中部和西部的图书馆都比较注重讲座、展览和培训的推广工作,占比分别是24.10%、25.60%和27.30%。东部地区的图书馆针对未成年读者和老年读者的活动占比分别是11.70%和10.20%,明显低于中部地区的图书馆和西部地区的图书馆。东部地区的图书馆比较重视书友会,占比为17.30%,明显高于中部地区的图书馆(8.80%)和西部地区的图书馆(6.60%)。这说明东部地区图书馆的阅读推广活动主要面向中青年读者,如书友会的群体年龄一般介于 20~40岁。在特殊群体的阅读推广活动方面,如残障人士活动,中部地区的图书馆占比9.80%,高于东部地区图书馆的7.90%和西部地区图书馆的6.80%。在进城务工人员读书活动阅读推广方面,西部地区的图书馆(9.10%)要高于东部地区的图书馆(6.10%)和中部地区的图书馆(6.00%)的占比。中部地区的图书馆和西部地区的图书馆对特殊群体的阅读推广活动的占比要明显高于东部地区的图书馆。

表3-44　图书馆所在区域与图书馆阅读推广活动类型

区域	活动类型							
	未成年人读者活动	讲座、展览、培训	老年人读书活动(如扶老上网等)	残障人士活动	进城务工人员活动	内部资料宣传、推荐书目	书友会	其他
东部	11.70%	24.10%	10.20%	7.90%	6.10%	20.60%	17.30%	2.10%
中部	16.10%	25.60%	15.40%	9.80%	6.00%	8.80%	8.80%	9.50%
西部	18.20%	27.30%	13.60%	6.80%	9.10%	6.80%	6.60%	11.60%

2. 单位性质与图书馆阅读推广活动类型

调查数据显示,市级图书馆在"未成年读者活动"(54.00%)、"讲座、展览、培训"(62.78%)、"老年人读书活动(如扶老上网等)"(56.67%)、"残障人士活动"(59.68%)、"进城务工人员活动"(55.55%)、"内部资料宣传、推荐书目"(57.86%)和"书友会"(57.29%)等方面的比例均高于国家图书馆、省级图书馆、县级市/区图书馆和社区/街道图书馆(室),从活动开展情况来看,各类活动均有涉及,相对比较均衡。市级图书馆主要的阅读推广活动有"讲座、展览、培训"、"残障人士活动"、"书友会"、"老年人读书活动(如扶老上网等)"、"进城务工人员活动"和"未成年读者活动"等,见表3-45。

表 3-45　单位性质与图书馆阅读推广活动类型

单位性质	活动类型							
	未成年读者活动	讲座、展览、培训	老年人读书活动（如扶老上网等）	残障人士活动	进城务工人员活动	内部资料宣传、推荐书目	书友会	其他
国家图书馆	8.00%	3.89%	5.56%	8.06%	13.33%	4.29%	5.21%	20.00%
省级图书馆	20.00%	12.22%	20.00%	25.80%	20.00%	9.28%	16.67%	0.00%
市级图书馆	54.00%	62.78%	56.67%	59.68%	55.55%	57.86%	57.29%	40.00%
县级市/区图书馆	4.00%	15.00%	2.22%	1.62%	0.00%	17.14%	18.75%	40.00%
社区/街道图书馆(室)	14.00%	6.11%	15.55%	4.84%	11.12%	11.43%	2.08%	0.00%

（四）图书馆纸质资源、电子资源和阅读推广活动的丰富程度

调查结果显示,大部分图书馆馆员对本馆提供的纸质资源和开展的阅读推广活动的认同度比较一致,他们认为图书馆提供的纸质资源和开展的阅读推广活动比较丰富,有 17.50% 的图书馆馆员认为本馆提供的纸质资源一般,18.00% 的图书馆馆员认为图书馆开展的阅读推广活动一般,并没有想象中的丰富,还有 3.50% 的图书馆馆员认为图书馆提供的纸质资源并不丰富,3.00%的图书馆馆员认为图书馆开展的阅读推广活动不丰富。图书馆电子资源的丰富程度比纸质资源、阅读推广活动的丰富程度都要低。有 24.00% 的图书馆馆员认为图书馆提供的电子资源丰富程度一般,并不能完全满足公众的阅读需求。因此,图书馆应加强电子资源的馆藏建设,见表 3-46。

表 3-46 图书馆纸质资源、电子资源和阅读推广活动的丰富程度

阅读资源	丰富程度				
	很丰富	丰富	一般	不丰富	很不丰富
纸质资源	43.50%	35.50%	17.50%	2.00%	1.50%
电子资源	32.00%	40.50%	24.00%	2.50%	1.00%
阅读推广活动	38.00%	41.00%	18.00%	2.50%	0.50%

(五)图书馆阅读空间、阅读设施和图书馆馆员信息素养的情况

这部分是为了调查图书馆馆员对本馆的阅读空间、阅读设施以及图书馆馆员对自身的信息素养的满意程度。调查结果显示,大部分图书馆馆员对图书馆的阅读空间和自身的信息素养认同度比较高。有21.00%的图书馆馆员认为图书馆的阅读空间和图书馆馆员信息素养一般,有1.50%的图书馆馆员认为图书馆的阅读空间不好,2.00%的图书馆馆员认为自身信息素养不好,有待提升。图书馆馆员对图书馆阅读设施的满意程度比阅读空间、图书馆馆员信息素养都要低,有29.00%的图书馆馆员认为图书馆的阅读设施一般,有1.50%的图书馆馆员认为本馆的阅读设施不好,因此,图书馆要不断地完善本馆的阅读设施,为公民提供一个温馨的阅读环境,见表3-47。

表 3-47 图书馆阅读空间、阅读设施和图书馆馆员信息素养情况

选项	很好	好	一般	不好	很不好
阅读空间	35.00%	42.50%	21.00%	0.50%	1.00%
阅读设施	32.00%	37.00%	29.00%	1.50%	0.50%
图书馆馆员信息素养	37.00%	40.00%	21.00%	1.50%	0.50%

(六)图书馆的权益保障制度

这部分是调查图书馆的权益保障制度,即图书馆馆员是否认为自己所在的

图书馆可以保障公民的"基本阅读权"、"受教育权"、"公共借阅权"、"信息获取权"、"隐私权"、"知识共享权"以及"知情权"。经过调查后我们发现,大部分图书馆馆员认可图书馆对公民各项权益的保障,对"受教育权"(91.50%)和"基本阅读权"(91.00%)的保障认可度最高,对"知情权"的保障认可度最低(84.50%)。此外,一些图书馆馆员对公民各项权益不甚了解,尤其是信息获取权、知识共享权和知情权,均达到12.00%,见表3-48。

表 3-48　图书馆的权益保障制度

选项	基本阅读权	受教育权	公共借阅权	信息获取权	隐私权	知识共享权	知情权
是	91.00%	91.50%	86.50%	86.50%	87.00%	86.00%	84.50%
否	1.00%	0.50%	5.50%	1.50%	2.50%	2.00%	3.50%
不知道	8.00%	8.00%	8.00%	12.00%	10.50%	12.00%	12.00%

1. 图书馆所在区域与图书馆的权益保障制度

对图书馆所在区域和图书馆权益保障制度进行交叉分析后我们发现,从总体上看,各区域大部分的图书馆馆员对图书馆权益保障有清楚的认知,特别是西部地区的图书馆馆员对图书馆公民权益的保障均达到100%。而中部地区图书馆的馆员对各项权益保障的认可比例,均低于东部地区和西部地区的认可比例,如图书馆保障公民的基本阅读权,中部地区的图书馆的认识程度仅有82.60%,而东部地区和西部地区的图书馆的认识程度分别为97.00%和100%,中部地区的图书馆馆员对本馆其他各项权利保障认可比例也基本在80%左右,明显低于东部地区和西部地区的图书馆认可比例,见表3-49。

表 3-49　图书馆所在区域与图书馆的权益保障制度

选项		基本阅读权	受教育权	公共借阅权	信息获取权	隐私权	知识共享权	知情权
东部	是	97.00%	97.00%	89.10%	91.10%	87.10%	91.00%	87.10%
	否	1.00%	0.00%	5.90%	3.00%	3.00%	1.10%	4.00%
	不知道	2.00%	3.00%	5.00%	5.90%	9.90%	7.90%	8.90%
中部	是	82.60%	83.70%	81.40%	79.10%	84.90%	77.90%	79.10%
	否	1.10%	1.20%	5.80%	0.00%	2.30%	3.50%	3.50%
	不知道	16.30%	15.10%	12.80%	20.90%	12.80%	18.60%	17.40%
西部	是	100.00%	100.00%	100.00%	100.00%	100.00%	100.00%	100.00%
	否	0.00%	0.00%	0.00%	0.00%	0.00%	0.00%	0.00%
	不知道	0.00%	0.00%	0.00%	0.00%	0.00%	0.00%	0.00%

2. 单位性质与图书馆的权益保障制度

对图书馆的单位性质和图书馆的权益保障制度进行交叉分析后我们发现，无论是国家图书馆、省级图书馆、市级图书馆、县级市/区图书馆还是社区/街道图书馆(室)，在横向对比下，图书馆馆员在以下几项权利保障方面的认可程度比较一致。市级图书馆员对所在图书馆的权益保障制度的认可程度最高,具体情况如下:"基本阅读权"(53.00%)、"受教育权"(53.50%)、"公共借阅权"(51.50%)、"信息获取权"(50.00%)、"隐私权"(51.50%)、"知识共享权"(50.50%)和"知情权"(50.50%),见表 3-50。国家图书馆馆员对所在图书馆的权益保障制度认可程度较低的选项是"信息获取权"(3.50%)。省级图书馆馆员对所在图书馆的权益保障制度认可程度较低的选项是"隐私权"(9.50%)和"知情权"(9.50%)。县级市/区图书馆馆员对所在图书馆的权益保障制度认可程度较低的选项是"公共借阅权"(11.00%)。

表 3-50　单位性质与图书馆的权益保障制度

单位性质	选项	基本阅读权	受教育权	公共借阅权	信息获取权	隐私权	知识共享权	知情权
国家图书馆	是	4.50%	4.50%	4.50%	3.50%	4.50%	4.00%	4.00%
	否	0.00%	0.00%	0.00%	0.00%	0.00%	0.00%	0.00%
	不知道	0.00%	0.00%	0.00%	5.00%	0.00%	0.50%	0.50%
省级图书馆	是	11.50%	11.50%	11.50%	10.00%	9.50%	10.50%	9.50%
	否	0.00%	0.00%	0.00%	0.50%	1.50%	1.00%	1.50%
	不知道	0.00%	0.00%	0.00%	0.50%	0.50%	0.50%	0.50%
市级图书馆	是	53.00%	53.50%	51.50%	50.00%	51.50%	50.50%	50.50%
	否	1.00%	0.50%	4.00%	0.50%	1.00%	1.00%	2.00%
	不知道	8.00%	8.00%	6.50%	10.00%	9.50%	10.50%	9.50%
县级市/区图书馆	是	14.00%	14.00%	11.00%	12.00%	13.50%	13.00%	12.50%
	否	0.00%	0.00%	1.50%	0.00%	0.00%	0.00%	0.00%
	不知道	0.00%	0.00%	1.50%	0.50%	0.50%	1.00%	1.50%
社区/街道图书馆(室)	是	8.00%	8.00%	8.00%	8.00%	8.00%	8.00%	8.00%
	否	0.00%	0.00%	0.00%	0.00%	0.00%	0.00%	0.00%
	不知道	0.00%	0.00%	0.00%	0.00%	0.00%	0.00%	0.00%
合计		100.00%	100.00%	100.00%	100.00%	100.00%	100.00%	100.00%

(七) 图书馆的制度建设

这部分是从图书馆馆员的角度,调查本馆是否具有相应的制度建设,内容涵盖本馆是否"建立法人治理结构"、是否"成立阅读推广部门"、是否"有阅读推广相关规范或标准"、是否"成立学术委员会或学术研究部门"、是否经常"为图书馆馆员提供专业培训与辅导"、是否"设立文化志愿者保障制度"、是否"与行业协会或社会组织合作"、是否"建立图书馆联盟"以及是否"建立阅读推广评估体系"等。我们对图书馆馆员和所在图书馆制度建设进行交叉分析后发现,87.50%的图书馆馆员认为图书馆可以为图书馆馆员提供专业培训与辅导,有53.00%的图书馆馆员认为图书馆已经建立阅读推广评估体系。有27.00%的图书馆馆员认为图书馆没有及时成立专门的阅读推广部门,有19.50%的图书馆馆员认为图书馆没有配套的阅读推广规范或标准,有20.50%的图书馆馆员认为图书馆没有设立文化志愿者保障制度,有21.00%的图书馆馆员认为图书馆没有建立阅读推广评估体系,这些对图书馆开展阅读推广活动,提升图书馆馆员的阅读素养具有不利影响。由此可见,图书馆成立独立的阅读推广部门可以统筹规划全馆的阅读推广活动,并颁布相关的阅读推广规范或标准,保证一定数量的文化志愿者,最后利用阅读推广评估体系对已举办的阅读推广活动进行评估并使之完善,见表3-51。

表 3-51　图书馆的制度建设

选项	建立法人治理结构	成立阅读推广部门	有阅读推广相关规范或标准	成立学术委员会或学术研究部门	为图书馆馆员提供专业培训与辅导	设立文化志愿者保障制度	与行业协会或社会组织合作	建立图书馆联盟	建立阅读推广评估体系
是	64.50%	64.00%	63.00%	65.50%	87.50%	59.50%	74.00%	70.00%	53.00%
否	7.50%	27.00%	19.50%	9.50%	11.00%	20.50%	8.00%	6.50%	21.00%
不知道	28.00%	9.00%	17.50%	25.00%	1.50%	20.00%	18.00%	23.50%	26.00%

第五节　调查结论

综合分析以上调查数据,可以总结出以下规律和问题,为宏观层面保障公民阅读权利的图书馆制度建设提供数据支持。图书馆馆员和成人读者在调查时所处的立场不同,因此,他们在理解图书馆保障公民阅读权利方面也存在一些差异。

一、弱势群体的阅读权利保障需得到有效关注,图书馆满意度有待提高

农民和老年人在生理、心理和受教育程度等方面与其他调查对象不同,他们在阅读目的、阅读兴趣以及获取阅读资源方面与其他调查对象不同。老年人由于受到年龄、生理、技能、经济等方面的影响,他们大多会阅读成本不高的纸质文献,如图书、期刊和报纸。老年人主要靠退休金维持生活,他们不能承受较高的阅读成本。一些老年人视力下降、行动不便、身体机能明显衰退,他们对新思想、新词语的理解力和接受能力较弱,他们的阅读能力往往不足,不能很好地使用数字资源等新媒体,无法快速地获得阅读资源,所以他们的阅读活动容易受限,阅读障碍较多,阅读权利难以得到保障。因此,50~59岁的这些调查对象对图书馆纸质文献、电子阅读资源以及阅读环境等的满意程度最低。相比之下,那些健康状况、受教育程度、经济收入状况相对较好的老年人更愿意利用图书馆的资源与服务,他们会主动参加图书馆的各类培训活动,更愿意接受电脑和网络等数字阅读方式。由于老年人的闲暇时间比较充裕,所以他们的阅读时间一般比较长。农民在阅读资源方面会面临一些障碍。城市低收入者要为生计奔波,很难有充足的时间和精力再进行阅读活动。居住在城镇和基层基础设施比较完备的人会去图书馆阅读,他们认为阅读可以改善物质生活并满足精神需求,这与基层图书馆的服务能力、服务水平有直接关系。城市低收入群体大多不去图书馆使用数字资源,他们对图书馆社会教育职能的认知度低,无法充分地利用图书馆学习知识,在使用图书馆时会遇到困难。

二、公共文化服务设施配置需不断完善,全民阅读环境仍需改善

从调查结果来看,成年读者和图书馆馆员对图书馆的阅读环境、阅读设施的满意度存在差异,图书馆馆员对所在图书馆阅读设施的满意程度较低,一些图书馆馆员认为自己所在的图书馆的阅读设施很一般,一少部分图书馆馆员认为本馆的阅读设施不太好。因此,我们需要不断地完善图书馆的阅读设施,为公民提供一个温馨、舒适的阅读环境。一些学生有功利性阅读的倾向,缺乏专业的阅读指导。中学生的课业负担重,课外阅读时间较少,自由选择课外读物的机会也较少。一些学校图书馆在教学中处于辅助部门,缺乏专业馆员对学生进行专业的阅读指导和阅读推荐。因此,图书馆应当开展公益性讲座、展览和培训,提供文献信息检索、公共借阅等服务,为我国公共文化服务体系和学习型社会的建设做出贡献。

三、图书馆服务保障制度和图书馆馆员信息素养仍有很大的提升空间

从阅读立法本身而言,立法并不是对公民个体阅读的干涉与强制,而是从法律层面保障公民的阅读权利和基本文化权益,提供更温馨的社会阅读环境。调查结果显示,一些图书馆馆员认为自己所在的图书馆没有及时成立专门的阅读推广部门,也没有配套的阅读推广规范或标准,未设立文化志愿者保障制度,没有建立阅读推广评估体系,这些对图书馆开展阅读推广活动,提升市民的阅读素养非常不利。图书馆服务能力不足,图书馆馆员信息素养有待提高。调查结果表明,一些图书馆馆员认为自己所在的图书馆的图书馆馆员自身信息素养很一般,有少部分的图书馆馆员认为自己所在的图书馆的图书馆馆员信息素养不太好。东部地区的图书馆比中部地区的图书馆和西部地区的图书馆更注重专业知识的信息服务工作。

四、公共文化数字资源建设需整合优化

一些地区存在公共数字文化建设不足的情况,这导致不同地区的公民在公共数字文化权利方面有较大差异。公民在使用公共数字文化资源时,缺乏动态化的数字文化资源。在公共数字文化资源结构整体规划中,缺少统筹规划、协调管理和专项经费,很难对数字资源进行优化配置,再加上缺乏相应的数字文化资源配置标准,导致公共数字文化资源结构难以通过整合形成数字文化资源循环体系。从公共数字文化建设来看,数字化服务平台的建设相对独立,比如图书馆与其他公益性机构建立适合各自系统的数字化服务平台,彼此间不能兼容,也会造成数字资源的重复建设。

图书馆服务主体单一,服务效能有待提升。图书馆盲目追求数字资源的多

样性、大容量,重复投资或购买低水平的商品化数字资源,这与"以人为本,读者至上"的服务理念相背,忽视了公民对信息的多样化需求和个性化的阅读方式,公共数字文化资源利用率低。我国的公共数字文化服务体系建设还不完善,缺乏行之有效的绩效评估体系,未能形成有效的公共数字文化服务标准以及第三方机构与用户相结合的评估机制。社会参与力量较少,未能形成跨行业、跨机构的高效合作机制,存在重建设、轻效益的现象,建设模式的创新性不足,未能与其他文化服务体系形成有机融合。

恰当的制度安排是实现基本公共文化服务普遍性、均等性、可持续性的关键。社会各界针对阅读权利缺失、阅读设施配置和全民阅读环境亟待改善、图书馆服务保障制度尚不完善等问题,需要从多方面、多层次保障公民的基本阅读权利。

第四章　保障公民阅读权利的
图书馆制度建设

图书馆是保障公民基本阅读权利的一种制度安排,为公民提供必要的、完善的、高效的、优质的公共文化服务。本书根据调研结论,提出了图书馆运行管理制度、服务保障制度、阅读权益法律保障制度、监督评价制度等来共同保障公民的基本阅读权利。

第一节　优化图书馆运行管理制度

一、建立健全法人治理结构

图书馆治理不仅是图书馆制度(图书馆的正式制度和非正式制度)的实施机制,而且它本身的实施也需要一系列的制度安排,即建立以理事会为核心的法人治理结构,实现治理的制度化和法治化,进而保障公民自由获取知识或信息的权利,维护图书馆制度的合法性。法人治理结构是由机构治理的利益相关方共同参与管理的组织架构和运行机制。图书馆建立健全法人治理结构的主要任务体现在以下三点:一是建立健全理事会决策制度;二是建立结构管理层自下而上履行内部日常管理职责以及对理事会和理事会成员负责的制度;三是制定机构的章程,实现机构管理和运行的章程化、常态化。从法律的角度来说,机构吸收相关代表、专业人士和社会公众参与管理,就是由机构治理的利益相关方共同参与管理的理事会制度,目的是通过机构治理的利益相关方的共同参与,形成多元化共同治理的格局,以确保利益相关方的公共利益;推动政府职能的转变,进而实现政事分开、管办分离;强化图书馆法人的自主权,激发图书馆的发展动力;根本目的是为了促进图书馆管理水平和服务质量与效能的综合提高,从而更好地履行图书馆的社会职能。国家层面的立法对图书馆法人治理结构做出原则上的规定,向图书馆理事会提供最权威、最高层级的法律依据,也有利于各地方政府进一步完善地区图书馆理事会制度建设的地方立法。加快建立健全国家及各地方层面的图书馆立法,明确规定图书馆需建立理事会,赋予图书馆理事会合法地位,并详细规定图书馆理事会的权责和义务,从而保障图书馆通过理事会制度实现法人治理,实现图书馆管理体制的转变。图书馆建立健全法人治理结构、实行图书馆理事会决策制度,从本质上说是文化管理体制和文化运行机制的重大改革,总体目标是通过现代治理理念更好地实现图书馆保障读者基本阅读权利的服务目标,实现图书馆公共文化服务的最佳秩序和最佳效能。

二、明确图书馆建设主体责任

图书馆事业发展主要体现在图书馆制度的保障方面,这是图书馆可持续发展的关键,所以强化政府责任可以从根本上解决图书馆的制度保障问题与可持续发展问题。政府不应对图书馆的建设主体进行限定,而应规定图书馆的主体责任,同时鼓励公民、法人团体和其他有条件的组织以自筹资金来设置图书馆,国家对其给予必要的政策扶持,这充分体现了政府、市场和社会共同促进、完善图书馆事业发展的新方向、新思路。

《公共图书馆宣言》强调,建立公共图书馆是国家和地方政府的责任。必须专门立法维持公共图书馆,并由国家和地方政府财政拨款。《中华人民共和国公共文化服务保障法》强调公共文化服务的责任主体应该是各级政府,这为政府主导公共图书馆建设提供了立法依据。《公共图书馆法》第四条规定,县级以上人民政府应当将公共图书馆事业纳入本级国民经济和社会发展规划,将公共图书馆建设纳入城乡规划和土地利用总体规划,加大对政府设立的公共图书馆的投入,将所需经费列入本级政府预算,并及时、足额拨付。这进一步明确了政府设立和保障图书馆的主体责任,其主要表现在图书馆设施建设、图书馆经费和图书馆专业人才队伍建设方面,进一步强调了图书馆建设的政府责任,从根本上解决了我国长期以来图书馆发展迫切需要的经费、人员等方面的问题。公共文化设施建设和文化信息资源的普及化和大众化是保障公民阅读权利的关键,各级政府对公众阅读的支持不只体现在组织各类读书活动上,更需要在财政、税收上给予必要的支持。在加大政府财政经费投入的同时,积极创新投入机制,健全以政府投入为主导、多渠道筹集活动经费的灵活机制,充分调动和培育各类社会团体力量,拓宽进入社会资源的阅读途径,积极引导社会多渠道参与,从而增加全民阅读的经费投入。为了更好地履行公共服务的责任与职能,政府应突显责任主体的权力,深入实施公共文化服务工程。在建设主体的设置上,政府应充分体现政府责任与政府能力,完善公共文化服务政策保障,加大公共文化服务的资金投入,并不断地拓展公共文化服务的覆盖面,有序推进图书馆的全民阅读工作。

三、完善公共图书馆服务体系

2016 年,文化部、新闻出版广电总局、体育总局、发展改革委和财政部联合印发的《关于推进县级文化馆图书馆总分馆制建设的指导意见》是我国首个国家层面关于总分馆建设的文件。之后我国一些省级文化厅陆续制定文化馆、图书馆总分馆制建设实施意见,要求建设以县级文化馆、图书馆为总馆,以乡镇(街道)综合文化站为分馆,村(社区)文化室为服务点的总分馆服务网络,有的地区要求县级图书馆负责县域范围内分馆和服务点文献信息统一采编和物流配送。

加强基层图书馆建设,将基层总分馆机制纳入现代公共文化服务体系中,并因地制宜地推进总分馆机制建设,是解决图书馆事业发展不均衡问题的重要途径。《公共图书馆法》第三十一条规定,县级人民政府应当因地制宜建立符合当地特点的以县级公共图书馆为总馆,乡镇(街道)综合文化站、村(社区)图书室等为分馆或者基层服务点的总分馆制,完善数字化、网络化服务体系和配送体系,实现通借通还,促进公共图书馆服务向城乡基层延伸。总馆应当加强对分馆和基层服务点的业务指导。总馆作为一个地区图书馆的中心馆,应当加强对该地区分馆和基层服务网点的业务指导和服务,从而为我国基层图书馆和服

务网点的体系化建设指明发展方向,为图书馆服务标准化、均等化和体系化提供基本保障。相关案例:

苏州姑苏区率先启动"公共馆+校园馆"图书馆服务体系建设

2019年12月11日,"姑苏区教育图书馆"项目合作签约仪式在苏州市某小学举行。该项目由姑苏区教体文旅委与苏州图书馆合作共建,通过创新机制体制、资源共建共享、统一服务管理,旨在打通公共图书馆和校园图书馆的壁垒,实现阅读资源利用最大化、校园阅读服务专业化以及未成年人阅读推广精准化,切实提升广大未成年人的阅读水平,营造"书香姑苏"全民阅读氛围。"姑苏区教育图书馆"建成后,通过统一借阅平台为学生、学校、家庭、社会提供全方位阅读服务。姑苏区各校园图书馆成为网上借书平台的线下取书点。通过网上借阅、校园投递,方便学生借阅,还书时只需将图书还至本校(幼儿园)图书馆即可,物流定期会把图书送回公共图书馆。姑苏区教育图书馆每学期配送一定数量图书到学校,借以扩大馆藏,学生可通过学校图书馆管理员,实现现场借还图书。"姑苏区教育图书馆"同时承担校园馆和全区校园中心馆的职能,通过姑苏区校园图书馆(室)"中心馆+服务点"的"1+N"运行模式,构建"公共馆+校园馆"的姑苏区校园图书馆服务体系,并纳入苏州图书馆总分馆服务体系,实现图书资源通借通还和调配更新。姑苏区教体文旅委每年委托苏州图书馆统一批量采编新增图书,作为姑苏区教育图书馆馆藏图书。该项目是姑苏区在全国教育系统内率先启动"公共图书馆+校园馆"图书馆服务体系建设,是姑苏区基于古城沃土,对文教深度融合的一次有效探索。"姑苏区教育图书馆"成立专家团,包括阅读推广专家、图书馆馆员、教育专业老师等多方面力量,将定期发布少儿分级经典阅读书目,更好地服务学生、服务学校、服务家庭、服务社会。

(选自《扬子晚报》2019年12月11日,内容有删改。)

四、完善图书馆与社会力量的合作制度

我国的公共文化服务体系建设坚持以政府主导,社会力量共同参与的发展

原则。长期以来,我国的图书馆事业由政府兴办和管理,建设主体与管理主体较单一。在社会发展中,单项管理制度可以独立发挥作用,但在现实中,更多的是由相互作用、共同合作的多元文化制度建构的系统。近年来,我们对社会力量参与图书馆各类阅读推广活动的理解与认识在不断地深化。党的十八届三中全会引入竞争机制,把推动公共文化服务社会化发展作为构建现代公共文化服务体系的重要任务。中共中央办公厅、国务院办公厅印发的《关于加快构建现代公共文化服务体系的意见》明确要求建立健全政府向社会力量购买公共文化服务的机制,把社会力量参与提升到增强公共文化服务发展动力的高度。《中华人民共和国公共文化服务保障法》是为加强公共文化服务体系建设,丰富人民群众精神文化生活,传承中华优秀传统文化,弘扬社会主义核心价值观,增强文化自信,促进中国特色社会主义文化繁荣发展。《公共图书馆法》第四十五条规定,国家采取政府购买服务等措施,对公民、法人和其他组织设立的公共图书馆给予扶持。从根本上来说,《公共图书馆法》的这一规定给社会力量参与图书馆建设提供了引导,鼓励社会力量参与图书馆建设,为图书馆创造更大的发展空间,支持建立民办图书馆,这有利于形成图书馆多元化主体共同发展的新风尚。此外,国家还支持图书馆与学校、科研机构以及其他类型图书馆的交流与合作,开展联合服务,支持学校、科研机构以及其他类型图书馆向社会公众开放,拓展图书馆服务范围,形成全社会共同参与图书馆建设的局面,这有利于图书馆服务体系的建设与发展,从而推动我国图书馆事业的社会化。图书馆作为公共文化服务体系的重要组成部分,在新环境下要积极探索和引进社会力量参与图书馆的建设与服务,促进图书馆的可持续发展。相关案例:

苏州图书馆与社会力量合作开展活动

苏州图书馆积极、主动地与社会各界合作建设主题特色分馆和特色阅读空间,打造以社会化运营为主的书香阵地,通过合作实现服务体系建设主体的多元化,推动服务体系的最优配置和服务效能的提升,进一步丰富市民的精神文化生活,满足市民对美好生活的向往。

苏州图书馆已通过多元化社会力量参与建成了 5 个特色阅读空间和 4 个主题特色分馆,构建了"书香校园""书香机关""书香银行""书香移动"等品牌项目,取得了良好的社会效益,既扩充了公共图书馆服务体系的建设主体,又实现了资源供应的多样化,通过跨界融合扩大阅读服务覆盖面,激发社会公众的阅读潜力,为推进全民阅读开辟新的空间,保障市民最基本的阅读权利。

手捧书香,就是手捧希望;开卷读书,就是打开世界之窗。为更好地推广阅读、宣传服务,苏州图书馆的黄埭分馆、太平分馆、玉成分馆的馆员走进分馆附近的幼儿园,推广绘本阅读,并向即将步入小学的大班小朋友推荐了有关小学生活的书目,建议家长给孩子朗读图书。绘本阅读推广活动结束后,馆员向小朋友们介绍了图书馆功能,宣传图书馆服务、分馆以及自助点所在位置,并向小朋友赠送了苏州图书馆阅读大礼包、苏州图书馆分馆及自助点名录,为他们获取知识、拓展视野指引了方向,帮助小朋友们在享受阅读快乐的同时,能够更好地了解图书馆服务、利用图书馆资源。

由苏州图书馆策划开展的"'千场阅推活动'家门口图书馆"项目在苏州图书馆胥江实验中学分馆正式拉开帷幕。本次活动邀请到了《汉字中国》系列图书的作者、清华大学金融学硕士何芙蓉老师,她为胥江实验中学 500 多名学生带来了汉字魅力系列活动的第一课——用中国文化培养孩子的创造力。在讲座中,何老师通过"一根木棍"生动形象地展现了汉字的演变和魅力。在感受汉字的音、形、义美的同时,激发了同学们对汉字的热爱,感受中华文化的博大精深,培养他们关注生活、热爱生活的好习惯,引导他们在情感体验中提高观察力、想象力和创造力。

(选自中华人民共和国文化和旅游部《苏州图书馆"主题特色分馆"入选江苏省公共文化服务体系创新示范项目》,2018 年 12 月 18 日;苏州图书馆官网《相城区三家分馆开展"书香进校园"活动》,2023 年 5 月 18 日;苏州图书馆官网《"千场阅推活动"家门口图书馆项目在胥中分馆拉开帷幕》,2023 年 6 月 28 日。)

第二节 提供完善的服务保障制度

一、加强智慧图书馆服务模式建设

新时代的公共图书馆如同一个城市的"大脑",它凝聚并传播海量信息,利用最前沿的科技,打造出一个更高效、更便捷、更精准、更智慧、更亲民、更具吸引力的复合文化空间,满足公众多样的文化需求,这也是所有图书馆人的目标。

(一)完善图书馆数字化建设

图书馆数字化建设强调图书馆应用现代化的新技术,将计算机技术和通信技术应用在图书馆,并促进图书馆转型。鼓励和支持科技在图书馆建设、管理和服务中的作用,推动现代信息技术和传播技术的运用,提高图书馆的服务效能。在图书馆数字化方面,强调国家构建标准统一、互联互通的图书馆数字服务网络,支持数字阅读产品开发和数字资源保存技术研究,推动图书馆利用数字化技术、网络化技术向社会公众提供便捷服务,指明了图书馆的发展方向。

随着信息技术的迅速发展,网络已成为公众获取信息的重要方式。图书馆应充分利用互联网大力推动数字阅读工程的发展,积极发展手机阅读,云图书馆等新型阅读领域,加强数字化阅读的资源建设,推动数字阅读与原创作品的良性互动,借助官方微博、微信、好书推荐等多种形式开展数字化环境下的全民阅读活动。与此同时,政府利用新闻出版专项资金资助区县、各类读书组织、社会团体线上线下同时开展全媒体融合的立体阅读项目,借助文化共享工程、国家数字图书馆建设工程等推广"文化惠民"项目,通过互联网的有效链接,与市、区、街道(乡镇)公共图书馆及其他类型图书馆(如科研系统图书馆、高校图书馆、党校图书馆等)搭建图书馆联盟数字化服务平台,整合各类型图书馆的优势资源,为读者提供海量信息资源,进而实现传统与现代并存的文化信息共享服务新模式。相关案例:

苏州第二图书馆:AI 时代,初见公共图书馆"新"模样

苏州第二图书馆的大型智能化书库可容纳藏书 700 余万册,整个书库包含自动化存取系统(ASRS)、典藏管理、入库管理、出库管理、流通分拣、订单拣选、文献传送、系统管理以及与业务管理系统、网上借阅系统和数字图书馆管理系统对接等功能。书库内将全程自动化存取书籍,实现图书的高密度贮存和高效利用。大型分拣系统,实现图书高速分拣和精准配送,与智能立体书库组成了苏州图书馆文献典藏中心和流转枢纽,促进全城文献流动,提升服务时效。苏州图书馆总分馆体系的典藏管理和线上线下借阅服务由此形成。

在苏州第二图书馆,读者通过苏州图书馆网站或移动端就能进行图书借阅,系统按流程将读者所借的图书送到借书人指定的取书点。读者可根据自己的情况,把所有苏州图书馆的分馆和无人值守借书柜作为取书点。同时,通过引入最新的 IT 技术,对馆内的计算机网络设施、信息化设备、图书馆业务系统和专业管理系统进行统一规划,搭建起专业化、自动化、数字化、全开放的信息化平台。

(选自《中国文化报》2019 年 12 月 13 日,内容有删改。)

(二)完善公共数字文化服务体系建设

1.公共数字文化服务体系保障公民基本文化权利的优势

我国公共数字文化服务体系主要由全国文化信息资源共享工程、数字图书馆推广工程、公共电子阅览室构成。我国公共数字文化服务体系已有一定规模,初步实现面向基层的数字文化服务体系。公共数字文化服务体系在保障公民基本文化权利方面有以下几个优势。

首先,公共数字文化服务体系的覆盖面广、容量大,扩大了公民获取数字文化的广度和深度。文化共享工程从 2002 年开始探索实践,结合当时信息化的发展状况,2006—2011 年,文化部、财政部陆续下发了文化共享工程各级分支中心和基层服务点建设的配置标准。经过十余年的发展,文化共享工程初步建立了覆盖城乡的六级服务网络设施,包括了 1 个国家中心、33 个省级分中心、333 个地市级支中心、2 843 个市县支中心、32 179 个乡镇基层服务点与中组部全国

党员干部现代远程教育网联建 70 万个村(社区)基层服务点。① 结合地区差异和民族特色,推广工程还专门为西藏推送包括 5000 余种电子书、200 种电子期刊、2500 分钟藏语视频、百余场讲座和展览及各类专业数据库在内的总量超过 140TB 的数字资源;为新疆推送 1.3 万余幅图片,2700 余种视频,15 个专业数据库,13 种汉、蒙、维、哈、藏等少数民族语言期刊在内的总量近 130TB 的数字资源。② 全国各地海量的数字文化资源通过虚拟网络将资源送到全国各地的用户身边,解决距离等自然环境带来的困扰,利用先进的技术手段,借助强大的数字资源,最大限度地保障公民的文化权利,从根本上实现公共文化的共建、共享。

其次,公共数字文化服务队伍专业性强,加强了公民使用数字文化的时效性和便捷性。根据公共数字文化服务建设的总体规划,基础设施的保障经费到位后,各地将按照公共数字文化建设的配置要求购买相应设备,进一步夯实公共数字文化建设的基础设施,硬件条件明显改善。在改善硬件条件的同时,国家数字图书馆研发出一批技术先进、应用便捷的软件系统,共享数字图书馆建设成果,实现各级公共数字资源的优势互补,从而提升全行业的数字资源建设和服务水平。国家图书馆为了更好地建设公共数字文化服务体系,提出基础设施与技术人才并重的服务理念,在全国推出公共数字文化建设的专题培训,强化全国技术人才保障措施,力争建设一支专业化、素质化、高效化的技术人才队伍,为公共数字文化的建设与服务提供可靠的人才保障。

公共数字文化服务体系建设的目标是希望任何人在任何时间、任何地点都可以自由、平等地通过数字化设备获取所需的数字资源,这也是公共数字文化服务体系建设的目标。公共数字文化体系建设坚持以人为本的理念,开展各具特色的、具有针对性的文化活动,利用互联网、移动通信网络等新媒体、新技术的创新模式,建设覆盖全国的公共数字文化服务体系,提供个性化、多样化的公共文化服务,打造基于新媒体、新技术和创新服务的公共数字文化新模式,为阅读困难群体提供更宽广的阅读空间,保障特殊群体能够更好地获取信息和知识,最终实现每个家庭和个人都能拥有属于自己的数字文化资源,随时随地享受公共数字文化服务。

---

①　李宏:《公共数字文化体系建设与服务》,载《图书馆研究与工作》2017 年第 1 期。

②　安阳市图书馆:《打通公共数字文化服务的"最后一公里"——国家图书馆着力实施数字图书馆推广工程》,http://www. aylib. net/index. php？c＝show&id＝1306.

2. 完善公共数字文化服务体系,切实保障公民文化权利

基于"互联网+",统筹建设公共数字文化服务体系。"互联网+"是创新 2.0 下互联网发展的新业态,"互联网+图书馆"就是通过现代信息通信技术让互联网与传统图书馆结合起来,将互联网平台与公共文化服务建设进行深度融合,创造新的发展生态。第一,创新文化信息资源共享工程。各级文化信息共享工程是依托各级图书馆服务网络,运用现代通信技术和传播技术将公共数字文化资源向基层人民群众传播,逐渐缩小城乡由于基础设施带来的数字差异,有利于实现公共数字文化服务的普遍均等。第二,建设具有地方特色的数据库资源,创新数字图书馆的推广机制。图书馆依据地方特色,建设分级、分布式的地方性数字资源库群,有利于地方文化的传承,构建覆盖全国图书馆的数字图书馆虚拟网络,实现数字资源的无障碍共建共享,建设多层次、多样化、专业化、个性化的数字图书馆服务平台,从整体上提升全国图书馆服务能力,提升文化软实力。在"互联网+"的条件下,统筹建设公共数字文化服务体系。

整合公共数字文化服务平台资源。公共数字文化服务体系以信息技术为支撑,由各级各类公共文化服务机构参与建设,全面整合各种优秀文化数字资源,并通过多个平台互相对接,向社会大众提供丰富多彩的数字文化服务。因此,现阶段要求单一系统、单个机构的公益性文化单位在公共数字文化建设方面与服务方面可以实现多系统与多机构之间的彼此融合与协作,尤其是以云计算的公共数字文化服务技术为支撑的平台,对公共数字文化服务进行需求分析,结合云计算技术与服务模型,搭建多网合作、开放互动、共建共享的技术支撑环境,切实保障信息技术环境下公共数字文化服务在保障阅读困难群体方面的公益性、基本性、均等性和便利性。

完善公共数字文化技术人才保障体系。人才是公共数字文化服务体系建设的基本保障,建立和完善公共数字文化人才的培育机制和使用机制,形成开放性、层级性的公共数字文化技术人才体系是完善公共数字文化服务体系建设,保障公民文化权利的一条可行的路径。构筑多层次的公共文化人才体系要有法规和政策的支持,推进人才工作立法,深入研究文化人才发展环境是公共数字文化服务体系建设的现实需要。依据相关政策,对不同专业背景的人员因材施教,构筑适合我国公共文化的多层次数字化人才体系,以便更好地服务不同阶层的公共数字文化需求。因此,完善公共数字文化技术人才体系是适应公

共数字文化服务新形势与新任务的必然要求。

建立行之有效的全民参与机制。从公民文化权利的视角看,公民文化权利的实现是政府的职责,以政府主导的多元主体参与公共数字文化服务的供给模式可以满足公民差异化文化需求。政府职责应从"公益性""办文化"向"公共性""管文化"转变,在现有的公共文化保障制度的框架下,引导和吸收各类社会主体参与公共数字文化设施运营等,共建共享公共数字文化服务,以创新公共数字文化服务主体,不断地促进公共数字文化服务方式和产品的多样化,增强公共数字文化服务的活力和发展动力,从根本上保障基层人员对公共数字文化服务的可及性。

建设公共数字文化服务体系是保障公民文化权利的基本途径,图书馆是公共文化服务体系中的公共文化基础设施,而公共数字文化服务体系又包含在公共文化服务体系中,所以发展图书馆事业对保障公民文化权利具有重要的意义。

二、保障阅读困难群体信息获取权利

2006 年,联合国大会通过的《残疾人权利公约》指出,为了使残疾人能够独立生活和充分参与生活的各个方面,缔约国应当采取适当措施,确保残疾人在与其他人平等的基础上,无障碍地进出物质环境,使用交通工具,利用信息和通信,包括信息和通信技术系统,以及享用在城市和农村地区向公众开放或提供的其他设施和服务。

残障人士属于阅读困难群体,一般而言,阅读困难群体在阅读资源的获取与利用方面处于劣势。由于他们自身在生理和心理上的缺陷以及地理位置等方面不具备满足自身阅读权利的能力,所以他们在拥有公共阅读资源和自身阅读能力和阅读行为方面存在困难,造成阅读权利供给缺失。强化阅读困难群体文化权利的法定化、制度化是维护阅读困难群体合法权益最为有效的手段。国家除了改善物质条件,还必须建立和完善相关法律,规范行政机关和立法机关的行为,将阅读困难群体的权利明确地写入法律和法规中,保护阅读困难群体的文化权利。图书馆应当充分保障阅读困难群体对公共信息的平等获取权,实现纸质图书与音像资料的数字化建设,保障阅读困难群体拥有平等的阅读机会

与学习机会,保障阅读困难群体获取各级政务信息,为他们无条件地提供阅读服务。相关案例:

真人图书馆推进视障读者阅读的实践研究

视障读者是需要关爱与帮助的特殊群体,发展视障读者的文化事业是全社会共同的职责,为此,公共图书馆需要为视障读者提供更加贴心的文化服务活动。

1. 真人图书馆活动背景。苏州图书馆于 2001 年从公园路旧址搬迁至人民路的新馆后,设立了盲文阅览室,现存 2200 多册盲文图书和 3000 多盒录音带及光盘,为了满足视障读者的不同需求,苏州图书馆逐年为视障读者配置了轮椅、盲文打印机、刻录机、安装盲用软件的电脑等。2018 年,苏州图书馆采购 900 台智能听书机,该智能听书机向持有第二代中华人民共和国残疾人证的视障读者,实行实名制免费出借服务。

近几年来,盲文阅览室借助丰富的馆藏文献资源以及社会志愿者的爱心力量,开展了一系列有针对性、知识性、公益性的文化阅读活动。"我是你的眼"视障读者主题活动是苏州图书馆为盲人读者开展的一项品牌活动,在近二十年的探索与实践中,活动内容越来越丰富,主要包括为视障读者解读名著、介绍各地历史文化和民俗风情的"读书会";提供无障碍文化产品服务的"爱心电影";通过视障读者的励志行动帮扶监狱等特殊群体的"帮教活动";花样繁多、不拘一格的"一帮一、手牵手"活动;通过触摸来感知和阅读的"走出户外、触摸世界"活动;帮助盲人提高学习和就业能力的各类培训以及依托苏州图书馆品牌活动"苏州大讲坛"而专门为视障读者设立的"阳光讲坛"活动。

图书馆作为全民阅读的重要阵地,肩负着阅读推广服务的社会重任,知识自由、普遍均等已日渐成为业界公认的图书馆服务核心理念,如何更好地为视障读者提供平等免费的公共文化服务,如何拓展服务理念和寻找服务方法,如何通过现有平台创新更多的服务项目以及如何更好地向视障读者普及文化知识、传播先进文化,进而满足他们的文化需求,成为苏州图书馆文化助盲、促进全民阅读的重中之重。在这样的背景下,苏州图书馆转变馆员程序性思维带来的固化,以原有活动品牌构建为基础,将多元化的社会资源引入到视障读者服务中。"真人图书馆"在视障读者服务中的首次尝试,成为积极搭建志愿者、普通读者与视障读者之间的互动纽带,视障读者可以通过真人图书的分享多一份人生经历。

2. 真人图书馆活动实践。真人图书馆的宗旨是希望从真人图书的对话中实现观念与信息的互相传递,通过"出借"的方式与读者分享各自不同的经历,这种获取方式是与阅读纸质图书与电子图书截然不同的。徐汇区图书馆馆长房芸芳说:"无论是哪个系列,真人图书馆要出借的,一定是'我'的故事,是有个人经历、情感在内的个体经验。"苏州图书馆的真人图书馆以"阅读人生经历,体味人间温暖,共促社会和谐"为活动理念,在开放自由的活动环境中通过真人图书与视障读者面对面交流的形式进行无障碍沟通。视障读者通过聆听真人图书分享的带有"温度"的人生故事,增加更多融入社会的机会,同时也让更多的故事人来接触和了解视障读者的需求。

(1) 确定活动主题。为了更好地服务于视障读者,苏州图书馆在确定活动主题上下了很大的功夫,考虑到视障读者的特殊性,在正式举办活动之前,负责盲文阅览室的工作人员在视障读者之间做了简单的调研,譬如大家的实际需求、喜好、关注点以及个人意愿等,最后根据盲人朋友的精神需要和苏州所处的地域特色确定活动主题。视障读者对如下主题比较感兴趣:非物质文化遗产传承类活动主题(以下简称非遗传承),包括昆曲、核雕、刺绣等;地方文献类活动主题,包括园林、亭台楼阁、御窑金砖等;艺术历史类活动主题,包括摄影、书法、绘画、音乐、城市变迁等;生活健康类活动主题,包括旅游、营养、保健、手工制作、运动达人等;科普教育类活动主题,包括天文、环保、诗词、诵读等。这些活动主题既可以加强真人图书馆活动的针对性,还可以通过此类活动传播苏州的地方文化。

(2) 筛选真人图书。筛选真人图书是举办真人图书馆活动的重点和难点,也是保证活动顺利开展的重要环节。真人图书馆的负责人在采选真人图书时,会将真人图书馆的活动理念、活动要求、活动内容等与真人图书进行良好的沟通,确保真人图书以公益志愿者的身份参与到活动中,从内心愿意与视障读者分享自己的生活经历或人生故事。此外,要了解真人图书的口语表述能力,确保其可以与视障读者建立良好的互动关系,为活动做好前期准备工作。

真人图书需要注意的是真人图书馆活动与平时举办的各类讲座是完全不

同的表现形式,真人图书更注重真人图书分享个体经验或经历,换句话说是人们通过面对面自由、宽松的沟通方式分享自己真实的故事,以此和听众产生共鸣而互动交流的活动。真人图书不一定是某个领域的"权威",活动更像是一个小型座谈会,真人图书与听众像朋友一样真诚对话。

苏州图书馆的"真人图书"以社会力量参与为主,并借助兄弟单位的联合力量。我们的真人图书主要来源于以下几种渠道:一是"我是你的眼"视障读者活动现有的志愿者,他们分享自己的故事与人生经历。例如,苏州市非遗传承人,中国发绣第一人周莹华老师;上海音乐家协会竹笛委员会理事楼斌华老师;苏州图书馆(2017年驻毛里求斯大使馆文化处)的冯军老师。二是得到兄弟单位的大力支持,例如,荣获中国戏剧"梅花奖二度梅"、"文华奖"、"白玉兰奖",国家级非遗传承人,昆剧、苏剧表演艺术家王芳老师;苏州市滑稽剧团表演艺术家张克勤老师。三是公开面向社会招募志愿故事人,寻找带有"温度"的真人图书,例如,通过镜头记录身边文化志愿者身影的黄嫩芝老师;为孩子助力成长的公益助学中心汤永坚老师;姑苏夕阳旅游达人戈桂元老师。四是深入挖掘视障读者本身的群体,分享盲人自己的励志故事。

苏州图书馆的真人图书有文化传承书、艺术书、公益书、生活健康书、科普书和教育书,向社会公开招募有故事的人,吸纳更多的民众走入视障服务队伍,来拓展我们的图书展示系列。同时,通过"真人"记录的角度来关注身边每个个体的人生故事,去探寻我们周围很多陌生和尚未触碰的领域,正是这些来自不同家庭背景、年龄层次、兴趣爱好、学术研究的"素人"身上的不平凡经历,才汇集成一本本立体而饱满的"真人图书"。我们愿意和视障读者一起"阅读"这些"手留余温"的真人书。

(3)组织盲人读者。苏州图书馆与苏州市残疾人联合会、苏州市盲人协会合作,多年来坚持不懈地主动联系苏州市在册视障群体。苏州市区(包括吴江区)在册的视障读者有5738人次,由于他们在视觉上的特殊性,以及苏州图书馆总馆所处的地理位置(苏州图书馆地处苏州市区的古城区,在行政区域的划分上属于姑苏区),所以经常来参加活动的视障读者有60余人,几乎都来自姑苏区。苏州图书馆的党员志愿者在每一期"我是你的眼"视障读者活动正式开始前的半小时,在苏州图书馆附近的几个公交站台等候,负责接送视障读者,保证其安全到达图书馆。这其中,有一位盲人读者是后天因公致盲,所以很难马上适应盲人生活,为了不影响他正常参与视障活动,苏州图书馆有4名党员志愿者自愿在活动当天开车到这位盲人读者家里,上门接送。苏州市盲协领导积极配合苏州图书馆"我是你的眼"视障读者活动,十几年如一日,一直坚持到馆参加各项活动。

(4)活动成效与影响。苏州图书馆在近二十年的时间里,一直致力于视障读者的文化阅读推广服务,为视障读者提供各类文化活动已超过500次。真人图书馆是2016年"我是你的眼"视障主题活动的创新举措,共举办近30次,得到各级领导及同行的充分肯定。此项活动荣获中国图书馆学会创新创意"优秀奖";苏州市阅读节优秀项目以及苏州市百个重点志愿服务项目二类扶持项目。"我是你的眼"被苏州市人民政府授予"苏州慈善奖"。这些成绩的取得充分说明了基于视障读者的真人图书馆活动具有创新性和可操作性,真人图书馆品牌活动的创立,为图书馆服务视障读者开创了新领域,进一步促进视障读者的阅读推广,延伸图书馆对弱势群体的服务触角。

公民的阅读权利是基本文化权利在现代社会的延伸,主要包括:使用公共阅读设施、资源和设备的权利;组织、参与公共阅读活动的权利;从事阅读研究、创作的权利;市民的阅读成果依法受到保护的权利。图书馆开展视障读者阅读推广活动,不仅保障了视障读者的基本文化权利,还延伸至利用图书资源和阅读空间的权利、研究创作等权利,具有重要的社会价值和实践意义。图书馆固定的阅读场所、特定的读者群、充满爱心的志愿者、敬业的图书馆馆员以及规范化的管理制度为顺利开展真人图书馆提供了必要的支持与保障。但图书馆依旧需要努力通过运行机制、组织协调机制、社会力量参与的合作机制等保障真人图书馆的可持续发展,具体如下。

品牌化服务的运行机制。公共图书馆面向视障读者开展的真人图书馆活动应有长期的、明确的、可持续发展的品牌化运行机制,要根据本馆的实际特点与具体需求对现有真人图书馆活动进行完善,参与群体不仅仅局限于视障读者,还可在未成年人及健全成年读者中开展真人图书馆活动,努力拓展真人图书馆活动范围,丰富活动内容,探索出适合本馆和本地区读者的服务模式。真人图书馆应打造属于自己的品牌特色,这就需要走出"讲座式"服务模式的误区,因此,真人图书馆活动从某种程度上改变了图书馆某些传统活动模式和文献信息传递的手段。澳大利亚是为数不多的将真人图书馆活动作为国家策略执行的国家之一,并建立了完善的真人图书馆国家网络。苏州图书馆可以借鉴国外真人图书馆模式,与县市区图书馆共同打造真人图书馆联盟,根据真人图书不同内容进行不同地点、不同时间的灵活借阅模式,从不同角度、不同人群多方位理解和诠释真人图书,互相推广本地区有代表性和特色的真人图书,进一步建立健全具有独特意义的馆藏资源。

总分馆相互助力的组织协调机制。真人图书馆品牌化阅读活动的运作需要图书馆通过总分馆服务体系积极组织、协调与促进,并建立行之有效的宣传推广制度。从苏州图书馆视障读者参与的人数来看,只占市区在册视障群体极其微小的一部分。苏州图书馆利用总分馆服务模式,可以扩大视障读者的服务半径,让更多的盲人读者参与到活动中来。各区馆以辖区内的社区分馆为辐射,建立属于自己的志愿者团队和服务网络,利用社区分馆与各个社区、街道的合作关系,对辖区内的视障读者人数和视障家庭的基本情况做适当调查和摸底,变被动为主动。总分馆之间相互助力,采用通借通还真人图书的借阅模式,可以有效解决视障读者参与人数不足与行动不便的状况。每一本真人图书带着自己的温度,图书馆人在弱势群体面前,也要做有温度的图书馆馆员,将视障活动送到弱势群体中间去。基于视障读者的真人图书馆,可以使分馆活动更加具有立体感和多元化,活动内容丰富多彩。

社会力量参与的合作机制。从现有研究成果来看,2012年前后,国内曾掀起了真人图书馆之风。几年过去了,各地真人图书馆发展并不均衡。有的因急功近利,在完成任务性的真人图书借阅后销声匿迹;有的因缺少有代表性和影响力的真人图书而难以维系;还有的与宣讲式的讲座毫无差别,最终失去了固定的参与群体。《公共图书馆法》第四十六条指出:"国家鼓励公民参与公共图书馆志愿服务,县级以上人民政府文化主管部门应当对公共图书馆志愿者服务给予必要的指导和支持。"所以,公共图书馆作为公共文化服务体系的重要组成部分,在新环境下要积极探索和引进社会力量参与建设与服务,以促进公共图书馆的可持续发展,形成社会力量支持图书馆发展的新常态。苏州图书馆应建立健全社会力量参与的合作机制,尤其完善志愿者管理制度,加大志愿者招募力度,保证真人图书馆活动周期的稳定性,推动真人图书馆顺利开展。

活动成果的开发与保障机制。图书馆具有收集、整理、保存、查询、借阅文献信息及相关服务的功能。真人图书作为图书馆新型的馆藏资源,其文献成果的收集、整理、保存与传递不容忽视。真人图书馆活动具有即时性,因此,基于图书馆文明传承的职能,进一步开发利用真人图书成果成为真人图书馆的主要后续工作。图书馆在开展真人图书馆活动后,要将每次活动的照片、文字、音频、视频等资料全部记录并保存,详细总结、认真归档。在此基础上,通过专业人员对音频和视频进行剪辑、编排后制作成数字资源,活动中翔实的文字记录与照片在征得真人图书相关方同意后,经专人整理、排版后制作成纸质印刷品,作为图书馆特色馆藏资源的一部分。

(选自刘鑫、王晔、曹卫《真人图书馆推进视障读者阅读的实践研究》,《图书馆学研究》2019年第13期,内容有删改。)

图书馆要关心阅读困难群体,公共图书馆要进一步改善无障碍设施、丰富阅读推广活动,坚持开展"文化助残"活动,努力为阅读困难群体提供一个温暖、轻松、舒适、快乐的环境,让阅读困难群体享受公共文化服务,全力促进知识共享、助推全民阅读。

三、提升学龄儿童的阅读素养

阅读是人类进步的阶梯,通过阅读,我们可以体验文字的魅力、感受他人的思想。在现代社会,阅读呈现出多元化的发展态势,它对人的学习、成长和精神文明建设具有重要的促进作用。可以说,阅读是社会进步的推动力,它拓展了文化交往的范围。阅读不仅彰显出文明传承的脉络,还具有传承文明的功能。

对学龄儿童而言,阅读是他们获取知识、提升能力的重要手段,是增长见识、扩大视野的主要途径。良好的阅读素养是学龄儿童形成个人综合能力的基础,也是形成终身自主学习能力的基础。2015年,在第38届联合国教科文组织大会上通过的《2030年教育行动框架》提出了"确保包容、公平的优质教育,促进全民享有终身学习机会"的总体目标。2019年,中共中央、国务院发布的《关于深化教育教学改革全面提高义务教育质量的意见》在"提升智育水平"中提出要"加强科学教育和实验教学,广泛开展多种形式的读书活动",并从国家政策层面论证了绝不能将中小学开展阅读推广活动目标简单地理解为应对中考和高考,这关系到国家义务教育的整体质量,事关亿万少年儿童的健康成长,事关国家发展,事关民族未来。在 2008 年发布的《图书馆服务宣言》明确指出,图书馆努力促进全民阅读。图书馆为公民终身学习提供保障,促进学习型社会的建设。图书馆是一种保障公民自由平等地获取知识信息的制度安排,具有公益性、开放性、包容性和融合性的特点,在保障公民基本阅读权利和履行社会教育职能方面具有得天独厚的优势。因此,作为公益性社会教育机构,图书馆肩负着提升儿童阅读能力和阅读素养的历史使命与教育责任。

(一)阅读素养研究现状与概念界定

1965 年,联合国教科文组织(UNESCO)召开的成人教育促进国际会议上,成人教育局局长保罗·朗格朗正式提出"终身教育"一词。随着信息社会的发展,以及素质教育改革的推进,公民阅读素养研究逐渐成为世界范围内最具变革性的理念。国际学生评估项目(PISA),是经济合作与发展组织(OECD)对 15 岁学生的阅读、数学、科学能力进行评价的研究项目。从 2000 年开始,每 3 年进行一次测评。2006 年,国家教育部考试中心引进并启动了 PISA2006 中国试测研究项目。2006 年前后我国开始涌现阅读素养的相关学术研究,发展在校学生(包括中小学生和大学生)的阅读素养成为学术界的热议话题。以"关键词"="阅读素养"为检索条件,在中国知网可检索出 2002—2019 年的相关文献 835 篇(检索时间:2019 年 12 月 21 日)。研究主要集中在教育学(709 篇)和图书与情报学(103 篇)领域,闲散分布于语言、新闻传播、政治等领域。现有的研究理论尚处于对 PISA 项目的介绍层面,缺少对阅读素养研究的关联性实践,以及有关阅读素养教育理念和学生阅读素养提升策略的研究。尤其是图书馆学与情报学领域的研究,现有研究关注点主要集中在图书馆如何通过阅读指导课提高中学生或大学生的阅读素养,对学龄儿童关注度不够。鉴于学龄儿童的阅读行为具有初步接触识字、阅读内容由图片向文本转化、阅读理解能力初始化等特征,图书馆抓住学龄儿童提升阅读素养的关键时期,并采取适当的引导、影响和干预的措施,增强学龄儿童对阅读的认知和对图书馆的了解变得尤为紧迫。

"阅读素养"一直是 PISA 关注的项目,这一概念最早由国际教育成就评估协会(IEA)于 1991 年提出,2002 年被引入中国。1996 年,IFLA 成立"阅读素养专业小组",旨在强调图书馆在提升公众阅读素养方面的职能与作用,并将阅读相关研究和阅读推广活动融合在图书馆向公民提供的服务中,要求图书馆重视人们阅读素养的提升、处在不同文化语境中的人们素养的提升、读者发展以及激励未成年人、成年人积极阅读。一个人良好的阅读素养是形成终身学习能力的前提条件,因此阅读素养成为 PISA 和国际阅读素养进展研究项目(简称PIRLS)针对少年儿童进行主要测试的领域,包括阅读成绩、阅读行为和阅读态度测评。PISA 在 2018 年将阅读素养定义为为达到个人目标、增长知识和发展个人潜能及参与社会活动,而对文本的理解、使用、评价、反思和参与的能力。与 PISA 于 2000 年和 2009 年两次提出的阅读素养的定义相比,该定义加大了对阅读素养的重视程度。PIRLS 在《2011 评估框架报告》中将阅读素养描述为:"个体理解和运用社会所需要的或个人认为有价值的书面语言的能力"。PISA和 PIRLS 对阅读素养界定的共同点是认为阅读是个体发展的基本技能,是实现个人目标、完成终身学习与终身教育的重要手段。阅读素养是少年儿童学习各类知识、提升个人综合能力、融入社会的基础,应通过阅读引导、阅读技巧等途径培养个体阅读兴趣,而不只是通过学校课本教学。

数字时代的到来与信息技术的飞速发展促进单一纸本阅读模式转变为多文本阅读模式,阅读材料的评价能力也成为个人能力的考评指标之一。因此,对学龄儿童而言,年轻的阅读者迫切需要独立建构文本意义、通过阅读进行学习、参与学校和日常生活中的阅读群体,并在阅读中获得乐趣。单就学龄儿童来说,阅读素养是指培养学龄儿童的阅读意识、阅读能力,其范围和内容不应仅限于识字能力与阅读理解能力的提升,还应该扩展为阅读需求引导、阅读动机干预,阅读行为规范、阅读习惯养成、阅读兴趣培养,在学校阅读与家庭阅读之外构筑良好的社会阅读环境。

(二) 图书馆对培育学龄儿童阅读素养的积极作用

首先,学龄阶段初期是儿童阅读素养提升的关键时期。6 岁至 12 岁小学阶段的学生为学龄儿童。从发展心理学的角度划分,从未成年人的心理发展来看,6~12 岁是儿童初入学校并开始接受正规学校教育的时期,是儿童接受知识、文字语义识别和语言快速发展的阶段。与学龄前儿童(0~6 岁)相比,学龄儿童所接受的教育模式与学习内容均发生了很大的变化,课本教学成为接受新知识、新思想的主要来源,语言学习进入规范化时期,有专门的任课老师对学龄儿童进行语言学习指导。学龄儿童由图片阅读向文字阅读转变,由绘本具象化的阅读形式向文本抽象化的阅读形式转变。学龄儿童正处于语言习得、培养自主阅读、提升阅读素养的关键时期,图书馆应抓住这个关键时期,帮助学龄儿童形成好的阅读习惯,并对图书馆产生积极的认知。

其次,图书馆辅助学龄儿童形成良好的文字阅读习惯。学龄儿童进入小学后,语言习得成为一种有意识的学习任务,他们开始识字、认字,探索知识。文字阅读学习是在视觉皮层与口语加工系统之间创建一个高效自动运作平台,能够引起人脑可塑性改变。图书馆应该为学龄儿童提供有效的阅读指导和阅读干预,这对提升学龄儿童的识字量、文字理解能力以及培养学龄儿童的阅读习惯、阅读兴趣十分重要。图书馆是通向知识的大门,为社会个体和群体进行终身学习、自主决策和文化发展提供了基本条件。图书馆的使命是培养和强化儿童的阅读习惯、支持个体自主学习,为个体发展创造力提供机会、激发儿童和青少年的想象力和创造力。因此,图书馆应抓住学龄儿童刚接触识字、接触文本阅读的特征,提供图片、音频、视频等多媒体数字阅读资源,扩展学龄儿童的阅读形式、阅读内容和阅读类型。图书馆应该组织形式多样、内容丰富的阅读推广活动,培养儿童对阅读和传统文化的兴趣,培养学龄儿童形成良好的文字阅读习惯。

再次,帮助学龄儿童养成利用图书馆的习惯。美国大多数社区图书馆将辅导学龄儿童做作业作为重要的服务内容,如洛杉矶公共图书馆专门设有"辅导作业时间",面向学龄儿童提供英语、历史、科学等学科的作业辅助服务。实际上,辅助学龄儿童克服学习困难已经成为图书馆介入儿童成长的一项重要举措,这既是图书馆主动承担社会责任、提升学龄儿童对图书馆认知的有效方式,也是图书馆帮助学龄儿童提升阅读素养、提升解决问题能力的有益尝试。当学龄儿童第一次走进图书馆,由专业的图书馆馆员引导,他们可以更加直观地了解图书馆的各种功能。在学龄儿童的眼中,图书馆已不再是陌生的高楼大厦,而是他们成长中不可缺少的一种陪伴。带领学龄儿童走进图书馆、熟悉图书馆、了解图书馆是图书馆馆员的本职工作,培养他们独立使用图书馆和利用图书馆解决问题的能力,进而爱上阅读,在潜移默化中提升学龄儿童的阅读素养,增加他们对图书馆的了解。相关案例:

"图书馆日"主题活动

图书馆对学龄儿童的阅读素养提升途径较多,但是具体到图书馆的服务能力与学龄儿童实际情况,可以采取举办"图书馆日"主题活动的形式,面向大多数的学龄儿童开展群体性阅读推广活动,培养学龄儿童的阅读兴趣,加深学龄儿童对图书馆的认知,提升学龄儿童利用图书馆解决问题的能力。

一、"图书馆日"主题活动概况

"图书馆日"主题活动是黑龙江省图书馆自 2016 年起整合全馆力量打造的学龄儿童阅读推广品牌活动项目,旨在引领小学生走进并了解图书馆,激发学龄儿童的阅读热情及学习兴趣,使他们感受到阅读的快乐,为全面提高小学生素质教育水平、营造全民阅读氛围、书香社会建设做出贡献。大多数参加"图书馆日"主题活动的学龄儿童都是跟随学校第一次走进图书馆,他们在图书馆切实亲身体验一天,参与的具体活动包括聆听图书馆历史与知识讲解,用叶贴画制作书签,体验少儿阅读,看一场阅读相关的动画电影,亲手跟做古籍线装书装订、拓片和竹简书。他们的家长同时被邀参加家长课堂,聆听教育专家讲解家校互动、阅读辅导、儿童心理健康等讲座。主题活动采取图书馆、学校、社会教育机构、志愿者、媒体多方合作的方式,深受校方和社会认可、家长和孩子们喜爱,以及各大媒体和教育机构的关注。四年来,黑龙江省图书馆累积接待哈尔滨市多所小学共 6200 余名师生和家长,搭建了学校教育、家庭教育、社会教育的有效沟通共建平台。

二、"图书馆日"主题活动组织实施

(一)策划阶段

首先,每年年初,黑龙江省图书馆阅读推广部根据本地学校需求与实际资源情况策划当年的活动时长、内容、服务对象。其次,召集参与活动的各合作方,包括学校、社会教育机构、媒体、文化志愿者及馆内相关部室(阅读推广部、少儿部、特藏部等)召开启动筹备工作会议,商讨"图书馆日"主题活动场次安排、日程内容、读者组织、项目合作协议细节等,对全年活动进行总体规划和分工部署,并对活动细节与程序衔接上的问题进行细致的梳理与推敲。再次,组织文化志愿者培训,向志愿者讲解活动日程安排、图书馆的布局、读者引导与管理、架位管理与服务,以及服务学龄儿童时需要注意的事项等内容,加强志愿者

对活动的认知与了解,明晰志愿服务工作内容需求与服务对象的特殊性。

(二)推进阶段

按照平均全年8次"图书馆日"主题活动安排,每次约有100个学龄儿童与100位家长同时参与,他们在图书馆的时间与内容安排大致如下:

9:30学龄儿童在学校的组织下徒步打旗从学校步行至图书馆,这也是对"图书馆日"主题活动、校园校风建设、图书馆社会形象的宣传;9:30—10:00,学龄儿童被带到图书馆大教室进行课前热身,听图书馆馆员讲解省图书馆的历史、布局、图书检索策略、电子资源使用方法,增加对图书馆的了解;10:00—11:30,学龄儿童少儿阅览室参加一场少儿活动,如知识问答、科幻电影、VR体验,并在阅览室阅读少儿图书,体验快乐阅读,借阅特制的"龙图书包";11:30—13:00,学校将营养配餐配送至图书馆,学龄儿童在图书馆共进午餐,观看励志动画片;13:00—13:30,学龄儿童体验传统文化活动,学唱古诗词,参加"飞花令"诗词大赛;13:30—15:00学龄儿童进行与图书有关的手工实践操作课,包括制作叶贴画书签、体验传拓、学包书皮、篆刻橡皮印章、编制竹简书等;同时在图书馆举办家长课堂,家长聆听社会教育机构的育儿讲座;15:00合影留念后,家长带领学龄儿童办理借阅证并带他们走,活动结束。

活动过程中,图书馆工作人员负责与学校、社会机构的对接和馆内部室协调,讲授课程,组织活动。来自东北农业大学青年志愿者协会的5~6名志愿者配合图书馆工作人员提供读者引导与儿童看护,保证活动顺利实施。

(三)总结交流阶段

每年年终举办"图书馆日"主题活动交流论坛,与校方、媒体、志愿者等社会各方,以及下一年度拟合作伙伴一起,总结本年度的活动经验,查找活动中的不足与漏洞,倾听多方反馈,扩大社会宣传,共谋下一年度的活动发展。

三、"图书馆日"主题活动特点与优势

首先,消除校园文化与社会教育的理念差异。"图书馆日"主题活动通常每年度会选取2~3所对口学校,一所相对教育资源较好的学校(A校)和一所教育资源较弱的学校(B校)。两个学校的校园文化不同、孩子家庭背景不同,孩子们在活动中呈现的参与状态也不同。在组织活动过程中,我们发现,A校的校园文化建设较好,家长比较重视孩子的校外阅读,大多数孩子此前都来过图书馆,在活动中呈现的状态相对更加开放、热情、活跃;B校的孩子家长多为城市务工人员,他们即使在双休日也大多奔波于生计,很少能带孩子来图书馆,孩子们接触图书馆的机会有限,在活动中比较拘谨、乖巧。针对不同学校的孩子特点,图书馆工作人员在活动开始时领着孩子们唱校歌,做快乐健身操,打破初识的尴尬和他们对图书馆的敬畏心理,并为孩子们增加了自我展示的环节,为孩子们搭建一个属于自己的舞台。在"图书馆日"主题活动中融入生命教育理念,通过小故事告诉学龄儿童什么是"公共"、"尊重",告诉他们基于这样的想法,利用图书馆时要多考虑其他读者的感受,共同维护良好的阅览环境、爱护图书、传递情感。同时,希望他们懂得"分享",在活动中体验共读的乐趣,学会助人、助他。这些超越学校教育与阅读教育的内容,通过图书馆这种社会教育机构的形式传递给学龄儿童,使他们接触到不同于学校教育的社会环境。

其次,加强图书馆与社会多方协作。"图书馆日"主题活动是由图书馆、小学、社会教育机构、文化志愿者、社会媒体联合开展的青少年阅读推广活动,受到了校方的全力配合和省广播电台与社会教育机构的大力支持。同时,活动充分发挥志愿服务力量,特邀中学生物老师、大学青年志愿者协会、图书馆古籍修复师,他们以志愿服务形式参与并贡献社会力量。尤其是哈尔滨市某中学的老师,她教授的叶贴画书签制作实践课非常受学龄儿童的欢迎,将生物课堂上复杂难懂的知识简洁地讲授出来,引领孩子们亲近大自然、珍惜大自然的馈赠。"图书馆日"主题活动图书馆阅读推广部牵头,馆内各部室积极配合,少儿部负责阅读体验,特藏部协助将图书馆专业的古籍知识向大众普及。少儿百科知识竞答赛、少儿阅览体验、古籍线状书和拓片制作、包书皮手工实践等使活动内容丰富而精彩,可谓集全馆之力打造的品牌阅读推广活动。

再次,处理好活动细节与衔接。相对于学校而言,图书馆组织如此大规模的少儿日教育活动,还是略显缺乏经验。虽然在设计之初对孩子们的每个环节都尽最大努力安排妥当,但活动中仍出现了一些突发状况。例如,发放的"龙图书包"在还回时发现,有的家长因为孩子喜爱某一本书,直接把书留下,补偿给图书馆现金;孩子们在午餐时可以静静观看喜爱的动画电影,当动画电影播放结束再播放图书馆宣传片时,有的班主任老师会要求关掉影音,让孩子们掏出作业本做起数学练习题;当图书馆工作人员要求孩子们活动结束后收拾自己座位附近的垃圾时,校方告诉我们留了家长代替孩子们打扫,不用孩子们来做。这些现象可能在现今以成绩为主的学校教育中习以为常,但是偏离了学龄儿童品德教育和"图书馆日"主题活动的初衷。图书馆在交流总结会中沟通时,都会表明立场,邀请学校与社会对学校教育、社会教育共同反思,在接下来的活动设计中尽量避免。

四、"图书馆日"主题活动的示范作用

第一,向社会公众推广图书馆。"图书馆日"主题活动不仅是为了让学龄儿童走进图书馆、了解图书馆、亲近阅读、体验阅读,更是希望通过这种形式带动家庭阅读,向社会推广和梳理图书馆的社会形象,并借此机会让更多的人了解图书馆。

第二,阅读资源向弱势群体倾斜。"图书馆日"主题活动常常会选取阅读资源较薄弱的学校开展活动。一些资源和环境较落后的学校里,孩子们接触课外阅读的机会较少,对图书馆的认知也仅限于有很多书,不了解图书馆的具体功用,如参考咨询、读者活动等。"图书馆日"主题活动通过知识讲解、阅读体验、"龙图书包"的借阅漂流、家长课堂,在推广阅读、推广图书馆的同时实现阅读资源向弱势群体的倾斜,服务阅读困难人群,促进社会包容与和谐。

第三,加强家校沟通,解决家校思维逆差。社会上有很多对学校教育问题的抨击,多源自于学校与家长各说各话,存在思维逆差和相互不理解,以至于无法实现良好的家校合作。"图书馆日"家长课堂由社会教育机构承担,站在客观立场帮助家长更多地了解自己、认识孩子、理解学校政策和做法,实现了社会教育大背景下,家庭教育与学校教育的良好衔接与沟通。

"图书馆日"主题活动从设计策划到组织实施,都具有较强的可操作性与可复制性。对基层图书馆而言,"图书馆日"活动一方面可以加深社会公众对图书馆的了解,树立图书馆职业形象,另一方面,更容易融合本区域社会资源。这种阅读推广活动模式能够为图书馆,提升学龄儿童阅读素养提供有益的实践参照。

(选自刘鑫、王政《图书馆学龄儿童阅读素养提升实践研究》,《新世纪图书馆》2020年第8期,内容有删改。)

(三)图书馆提升学龄儿童阅读素养的思考

第一,阅读可以促进阅读障碍学龄儿童的语言发展。阅读障碍症是大脑综合不能协调处理视觉信息和听觉信息时,而引起的一种阅读和拼写障碍症。图书馆开展的阅读指导活动和阅读推广活动对患有阅读障碍症的学龄儿童会起到积极的治疗作用。阅读活动会对阅读个体的阅读结果产生差异性影响,图书馆的阅读干预措施对有阅读障碍学龄儿童的语言意识能力、语言习得能力、读写能力、文献理解能力和语言发展能力产生深远的影响。因此,对患有阅读障碍症的学龄儿童进行外部干预可以促进他们的言语发展。

第二,阅读可以促进儿童想象力的发展。儿童的想象力不是指思想漫无目的地神游,而是指儿童基于现有资源而进行的创作过程、创造过程。儿童的视觉效果与阅读情况会对自身的想象力产生影响,所以培养儿童的想象力不是一朝一夕的事情,需要学校、家庭和社会互相配合,有意识、有策略地推进。图书馆可以培养学龄儿童形成良好的阅读习惯,培养他们的想象力,拓宽他们的视野。阅读可以培养学龄儿童的审美能力,提升他们的阅读品味,在不同的阅读作品中汲取自己需要的知识,促进想象力的发展,形成一种良性循环。

第三,建立长效的阅读推广机制。图书馆在开展学龄儿童阅读服务的过程中,需要系统化、体系化、可持续的阅读品牌推广活动来提升学龄儿童的阅读质量和阅读水平,充分发挥图书馆在阅读推广服务中的引导作用,要建立全方位、立体化、长效性的学龄儿童阅读推广机制。加强多方合作,综合培养学龄儿童的阅读兴趣,增强阅读积极性,营造温馨、舒适的阅读环境,正确引导学龄儿童的阅读行为。

第四,学校阅读、家庭阅读和社会阅读的有效融合。首先,学校与图书馆合作。学校不仅可以获得图书馆传统的文献资源,还可以通过图书馆网站或者图书馆微信公众号、APP 等数字资源入口使用图书馆内部的电子资源。其次,图书馆与家庭互相促进。图书馆可以引导家长重视阅读,由家长创造家庭阅读环境,拉近家庭与图书馆的距离,拓展学龄儿童的阅读空间,把握学龄儿童的阅读方向。最后,广泛宣传,吸引优秀的团队参与到学龄儿童的阅读服务中,达到学校阅读、家庭阅读和社会阅读的有效融合。利用多种合作模式吸引学龄儿童走进阅读,培养他们的自主阅读意识,让他们养成利用图书馆的好习惯。美国学者斯蒂芬·克拉生教授提出自由自主阅读,认为自由自主阅读不是学校和家长过度干预的阅读,而是让学生根据自己的阅读兴趣读书,培养学生的读书习惯,从而提高学生的阅读量以及语言表达能力。

第五,提升图书馆馆员的阅读素养。图书馆中负责少儿服务的图书馆馆员大部分没有接受过专业的、系统的未成年人服务培训和工作训练,很多的服务方法都来源于经验总结,缺乏教育学、发展心理学、儿童文学等相关专业知识,在开展与学龄儿童有关的阅读行为指导与研究时显得力不从心。因此,图书馆要提高专业图书馆馆员的阅读素养,加强图书馆馆员在相关知识以及教育理念等方面的学习,组织未成年人心理发展的专业培训,并为学龄儿童父母提供科学的阅读指导,提高图书馆馆员的综合素质,正确引导和帮助学龄儿童掌握阅读方法。

四、加强信息共享空间的构建

随着信息技术的快速发展,用户获取信息的行为也发生了很大的变化,探索图书馆新型阅读空间,打造高效的协作学习环境是图书馆的发展方向。技术发展不仅改变了信息内外部环境,更改变了用户获取信息的行为。新型图书馆的工作中心应从资源建设转向用户服务,应把工作重心放在获取知识和科研上,成为各类型读者的学习伙伴。图书馆馆员应更多地运用现代化信息技术,图书馆内也应改造为多功能学习空间,只有做好环境建设才能更好地为读者提供无障碍的学习环境、研究交流场所以及文化休闲场所。信息共享空间服务正好顺应了新技术环境下图书馆向嵌入用户空间服务转变的趋势,信息共享空间的构建能最大限度地发挥数字资源对知识获取和教学科研的信息支撑作用。

信息共享空间建设将有助于吸引更多的用户来到图书馆协作学习、研究和交流分享,促进自主、协作式学习与交流。图书馆要利用好计算机技术、信息检索技术,同时依托各类文献信息和信息服务人员的支持,打造高质量的现代化图书馆空间服务。图书馆将信息资源、信息技术、专业人员以及信息服务有效地整合在一起。

信息共享空间服务方式主要包括以下内容:首先,提供完善的软件和硬件设备。配备不同型号的电脑设备以及专业自动化软件、多媒体软件、网络软件、专业化工具等,为个人学习和团队研究提供先进的设备支撑。其次,提供各类数字资源。提供常用工具书、学术期刊、电子图书、数据库、知识导航、信息检索等网络资源的在线阅读和下载服务,为团体用户提供信息检索技术、数据库检索方法、资料查询途径与步骤等专题嵌入式服务,海量的资源以及检索技术支持,并协助用户高效地完成学习任务和研究任务。再次,信息共享空间要有合理的运行机制。信息共享空间的所有成员要直接或间接地参与到信息共享空间的建设和管理中去,建设一支专业的管理团队,包括总负责、管理人员、专业馆员、技术人员、组织和协调人员等。信息共享空间的建设为用户提供了丰富的共享信息资源,拥有先进的技术设备、协作式的研究环境,让不同需求的用户与专业馆员在一个交互空间中进行交流互动,形成了一个信息素养环境与人文环境相融合的氛围。面向专业服务构建的信息共享空间,所有的信息服务都应当是嵌入式的,要积极主动地深入到用户的学习中,利用参考咨询工作,通过各种交流渠道反馈信息,挖掘用户的潜在需求,在此基础上为读者提供主动式、个性化、互动式以及知识型服务。专业馆员在提供协作式参考咨询服务的同时,能够充分地发挥信息共享空间的"一站式"功能。

信息共享空间的建设发展不是孤立的,它需要环境、技术、资金、人员的各项支撑。作为信息服务支撑部门,建立特色鲜明、定位合理的个性化信息共享空间,这些方面的研究也是未来重点探索的方向。

第三节　构建阅读权益法律保障体系

一、建立图书馆立法保障体系

图书馆立法保障体系对全民阅读有深刻的影响,如果没有国家法律体系来保障的话,就会出现公共阅读资源匮乏、缺少阅读氛围以及阅读机制不健全等问题,特别是弱势群体的阅读权利难以得到保障。全民阅读有法可依,并引入社会参与力量,阅读推广才能得到规范化布局与常态化发展。

从国际有关阅读立法看,近年来阅读推广的服务方式呈现出多元化发展格局,阅读推广主体除政府和图书馆外,民间的社会组织也参与其中,但政府仍然是主要的阅读推广主体,所以部分发达国家制定并施行了一系列有关阅读的政策法规。比如,美国1998年颁布的《卓越阅读法》;韩国1994年通过的《图书馆与读书振兴法》、2006 年通过的《阅读文化振兴法》；日本 2001 年出台的《关于推进儿童读书活动的法律》、2005 年出台了《文字印刷文化振兴法案》；俄罗斯 2012 年出台《民族阅读大纲》等，这些都是促进和保障公民阅读权利的重要法规。

我国有关的阅读立法与各地方政府的一系列政策法规共同为公民基本阅读权利保驾护航。我国与阅读有关的立法和文件有《中华人民共和国公共文化服务保障法》《公共图书馆法》《全民阅读促进条例》。党的十八届四中全会开启了全面推进依法治国的新征程，将文化立法列入重点领域立法范畴，提出了"制定公共文化服务保障法，促进基本公共文化服务标准化、均等化"这一明确要求，给我们今后的工作指明了方向。《中华人民共和国公共文化服务保障法》第十四条规定，本法所称公共文化设施是指用于提供公共文化服务的建筑物、场地和设备，主要包括图书馆、博物馆、文化馆（站）、美术馆、科技馆、纪念馆、体育场馆、工人文化宫、青少年宫、妇女儿童活动中心、老年人活动中心、乡镇（街道）和村（社区）基层综合性文化服务中心、农家（职工）书屋、公共阅报栏（屏）、广播电视播出传输覆盖设施、公共数字文化服务点等。《中华人民共和国公共文化服务保障法》第二十四条规定，国家推动公共图书馆、博物馆、文化馆等公共文化设施管理单位根据其功能定位建立健全法人治理结构，吸收有关方面代表、专业人士和公众参与管理。2013 年全国两会期间，115 位政协委员联名签署《关于制定实施国家全民阅读战略的提案》，建议政府立法保障阅读、设立专门机构推动阅读，以法律法规的形式推动全民阅读工作纳入法制化轨道。《全民阅读促进条例》是 2017 年国家新闻出版广电总局发布的条例，自 2017 年 6 月起实施。《全民阅读促进条例》第一条"为促进全民阅读，保障公民的基本阅读权利，提高公民的思想道德素质和科学文化素质，培育和践行社会主义核心价值观，传承中华优秀传统文化，推动社会文明程度显著提高，根据宪法和有关法律，制定本条例"，明确了制定本条例的目的。《全民阅读促进条例》第二十条指出，未成年人的父母或者其他监护人应当在保障未成年人基本阅读权利方面发挥重要作用和积极作用，保证其获得必要的阅读资源和指导，对未成人基本阅读权利进行了明确的规定。地方层面有关阅读的政策法规也在推进，江苏、湖北、辽宁、四川等地出台了地方性阅读促进条例。从立法支撑的研究角度来看，虽然我国已出台《中华人民共和国公共文化服务保障法》《公共图书馆法》

《全民阅读促进条例》以及相关地方政策,但这些均属于促进性法律或政策,没有较强的问责机制,以阅读立法为引导的理论研究相对薄弱,缺乏实质性的推动作用,导致阅读立法更像是一份规范性的政府文件。如果没有相应的法律法规做配套支持,《全民阅读促进条例》以及地方性有关阅读促进的相关政策在实施时恐怕难以取得明显成效。因此,制定完备的阅读法律体系势在必行。图书馆立法保障体系的建立主要体现在以下几个方面:

第一,保障阅读权利是保障文化权利的核心。事实上,公民的阅读权利是基本文化权利的延伸,保障公民的阅读权利,为公民的受教育权、文化认同权等社会文化权利的实现奠定基础。国际上普遍把公民的阅读权利视为文化权利的核心内容,因此,以《公共图书馆法》为依据,制定和完善阅读立法体系,保障公民的阅读权利,有利于保障公民的基本文化权益。因此,保障公民的阅读权利是保障公民基本文化权利的核心。

第二,建设图书馆阅读法律保障体系。法律保障包括宪法保障、立法保障与司法保障。立法保障是法律对某种权利以法律的形式予以保护,是一种立法行为,即通过立法将权利规定下来,不规定则不为权。我国《宪法》规定国家大力发展图书馆等公共文化事业,提高民众文化水平,这为阅读立法提供了法律依据。有了法律的顶层制度设计,才能充分地调动与阅读相关的各种资源,为公民阅读设施、阅读资源以及服务提供完善的法律保障机制。公民的阅读权利属于法律范畴,应自上而下地建立健全图书馆的阅读法律保障体系,促进图书馆事业向有序化、规范化、法制化、均等化的方向发展。阅读立法是实现全民阅读的有效途径。

第三,建设组织架构,明确阅读推广责任主体。当前,我国的全民阅读推广工作主要由各级文化广电新闻出版局负责,各级宣传部、文明办等多个部门共同推动,出版发行公司、各类书店、图书馆成为开展全民阅读活动的主体。在阅读推广实现机制上,各级政府及主管部门应承担主要责任,阅读立法更要以政府为第一要义的原则来制定,明确政府的管理权限是保障公民阅读权利落实的根本要求和保证。其他行政部门依据阅读法律的精神设立或改组专门的阅读推广部门,履行阅读推广职能,指导公共阅读服务。需要注意的是,阅读立法并不是简单地要求公民开展阅读活动,而是政府作为推动全民阅读活动的主要义务主体,提高各社会团体组织的服务意识和服务能力。从阅读立法实践的角度看,阅读立法并不是限制或强制个人的阅读自由,恰恰相反,它是通过立法的形式确定政府为阅读推广主体,明确政府的法律责任,保障公民的阅读权利。

第四,关爱阅读困难群体,保障阅读服务标准化、均等化和规范化。阅读困难群体是指未成年人、老年人、残障人群、外来务工者、贫困地区人群等个人阅读行为或阅读能力有限的人群。关爱阅读困难群体,培养未成年人良好的阅读习惯和阅读素养以及实现阅读服务的标准化、均等化与规范化是各级阅读立法的重要内容。未成年人发展时期是一个人形成阅读习惯与阅读素养的关键时期,对未成年人的阅读,图书馆等文化场所要对阅读服务进行相关的规定,教育部门也要指导学校配备专业的图书馆馆员对学生开设阅读辅导课。对老年人和残障群体,要提供适合他们的公共阅读空间和阅读设施,保障他们的阅读权利。对外来务工人员,全民阅读的公共文化服务场所应为他们提供阅读服务,并提供应聘的相关信息与帮助。要配备相应的基金经费,并规范使用对象与范围,关爱特殊群体,保障他们的阅读权益。

第五,合理布局公共阅读设施,推动阅读服务向多元化和社会化发展。阅读立法不仅要对公共阅读设施以及图书馆的阅读服务进行指导与规定,还应为公民配备专门的公共阅读设施,而图书馆就是最好的公共阅读设施。同时,阅读立法应正确引导、合理配置阅读资源,并在县级以上的图书馆建设综合文化服务中心、农家书屋等图书馆公共文化服务体系,开展各类读书活动,提供专业指导与培训,推动全民阅读服务向多元化和社会化方向发展。

第六,完善行业组织支持,优化终端服务。在推动全民阅读、保障公民阅读权利的过程中,图书馆、出版发行单位以及新闻媒体都应该发挥应有的作用。图书馆要规划数字化阅读方式,将传统的纸质阅读方式与现代数字阅读方式有机结合,充分利用网络运营商、通信运营商等优化移动终端服务。出版发行单位要重视社会效益,加强各类优秀出版物的出版发行,开发能够促进全民阅读的重点出版项目,提供方便读者携带的读物和满足读者阅读收藏需要的经典文库,开展图书展览、读书讲座和阅读竞赛等可以促进全民阅读的各类活动。与此同时,鼓励和支持实体书店延长营业时间,扩展阅读服务场所,开展公益性阅读服务。新闻媒介应发挥舆论导向作用,开设阅读类栏目,推广移动阅读、网络阅读、电子阅读、电视阅读等多种阅读方式,利用新兴媒体开展阅读推广,推荐优秀读物。

公民阅读权利的保障要从政策法规的管理模式向立法管理模式转变,一方面体现出国家立足国情,以人为本;另一方面也促进全民阅读服务健康发展。

二、完善图书馆阅读推广规范制度

近年来,随着国家对全民阅读和阅读推广的高度关注与日益重视。图书馆作为保障公众平等地获取文献、信息、知识的制度安排,在文献收集、存储、整理、开发利用等方面具有很大的优势。倡导全民阅读、促进全民阅读、开展阅读推广活动逐渐成为图书馆的主要工作内容。目前,图书馆阅读推广已经从自发的、零星的、补充式的服务发展成为一种自觉的、普遍的、不可或缺的图书馆服务。随着《中华人民共和国公共文化服务保障法》《"十四五"公共服务规划》《国家人权行动计划(2021—2025年)》《全民阅读十三五时期发展规划》《全民阅读促进条例》等一系列国家层面的政策法规的颁布以及北京、深圳、湖北、江苏、辽宁等省市区域性全民阅读政策法规的出台,我国图书馆阅读推广逐渐向制度化和法制化方向发展。虽然各级各类图书馆在阅读推广实践操作层面在不断地拓展服务范畴、创新服务模式、丰富服务载体,但是一些图书馆阅读推广活动在策划、组织、操作和实施上仍然存在随意、杂乱、无序等问题,呈现出泛活动化、泛娱乐化、功利化的趋势,某些阅读推广活动脱离了文献信息基础,偏离了阅读推广活动的"主航道"。因此,我们要研究如何规范管理图书馆阅读推广,使之朝着制度化、系统化、标准化、科学化的方向发展,进而提升阅读推广的效率和效能。

(一)我国图书馆阅读推广规范

目前,我国图书馆阅读推广在形式、内容、方式等方面在不断地创新,但主题明确、内涵丰富、效果优良的阅读推广活动相对较少,一些因素制约着图书馆阅读推广的发展。比如,行业操作的实施缺乏指导。目前,我国图书馆的阅读推广大多处于摸索的状态。一些图书馆对阅读推广的认知存在偏差,仍停留在书刊推荐、咨询解答、讲座培训等传统服务模式上,阅读推广的开展往往重实施、轻策划,目标模糊,随意性较强,策划、组织、操作、实施不够科学,内容同质化问题较为严重,阅读推广缺少整体策划。图书馆阅读推广不同于出版社、书店、读书会等社会组织开展的阅读推广,核心一定是基于馆藏文献的推广方式,是基于系统、科学、专业的文献信息组织方法的推广方式,是基于绩效考核、评估评价、读者研究的推广方式。因此,图书馆阅读推广应以行业内操作应用规范为指导,具有专业性、规范性、科学性的特点。科学、完善、详细和具有可操作性的图书馆阅读推广操作规范有助于实施主体明确阅读推广的读者群体、目标,有助于图书馆阅读推广整体策划的实施和品牌创建,有助于提升图书馆阅读推广的品质与效能。这里需要指出,图书馆阅读推广规范并非要将活动做得整齐划一、循规蹈矩,而是在规范中更好地创新与发展。

(二) 图书馆阅读推广规范的内涵和必要性

目前,学术界对图书馆阅读推广的定义尚未形成统一的共识。范并思认为,图书馆阅读推广是一种新型的、介入式的图书馆服务,其目标人群是全体公民,重点是特殊人群,活动化、碎片化是它的主要特征,其主要目的是让不爱阅读的人爱上阅读,让不会阅读的人学会阅读,让阅读有困难的人跨越阅读的障碍。于良芝等提出,图书馆阅读推广通常是指图书馆以培养一般阅读习惯或特定阅读兴趣为目标而开展的图书宣传推介或读者活动。

2014 年,联合国教科文组织在《移动时代的阅读:发展中国家移动阅读研究》中指出,阅读的起点永远是文献的获得。图书馆自出现起,就一直以文献为立馆之本、工作之源。图书馆在文献的收集、存储、整理、开发、利用等领域有专业的理念与方法。因此,图书馆阅读推广可以界定为:图书馆作为行为主体,围绕文献信息开展的,通过影响读者的阅读选择、提升读者的阅读兴趣、改善读者的阅读行为、增强读者的阅读能力,从而发挥文献信息最大价值的读者活动。需要强调的是,那些脱离了文献的阅读推广活动不应成为图书馆阅读推广的主流。

图书馆阅读推广规范有广义和狭义之分。狭义上的图书馆阅读推广规范是指图书馆作为阅读推广主体在实施阅读推广行为的过程中,按照既定标准和要求进行操作。广义上的图书馆阅读推广规范,是指对图书馆开展的阅读推广活动和行为进行保障、引导、指示、规划、协调、评价等各种正式的和非正式的规范集合,如法律法规、政策文件、战略规划、规章制度、指南手册、操作规范、技术标准、评价指标,甚至图书馆伦理等。广义的图书馆阅读推广规范包括制度性规范、实施性规范、技术性规范、监督性规范,亦可分为事前规范(如法律法规、政策、制度等)、事中规范(如技术指标、操作指南等)和事后规范(如评估评价等)。图书馆阅读推广规范对图书馆阅读推广活动和行为的作用:制度性规范具有保障作用,实施性规范具有指导作用,技术性规范具有引导作用,监督性规范具有监督作用,见图 4-1。

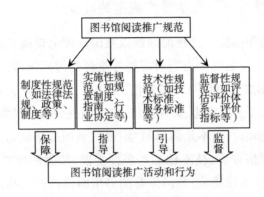

图 4-1　图书馆阅读推广规范机制图

(三) 图书馆阅读推广规范的价值

首先,有利于实现图书馆使命。图书馆是保障文献信息资源在社会中进行合理分配的制度安排,以保障公民文化权利(包含阅读权利)为基本职能,以为公众提供平等的公共文化服务和终身教育为使命。在《公共图书馆宣言》和《信息社会灯塔:关于信息素质和终身学习的亚历山大宣言》等一系列文件中都提到了图书馆促进阅读、开展阅读推广的责任。英国文化、媒体和体育部在《未来框架:新十年的图书馆、学习和信息》中更是将"阅读推广和促进非正式学习"作为公共图书馆的重要任务。基于图书馆阅读推广的重要意义,对图书馆阅读推广进行规范有助于图书馆阅读推广的组织、开展和实施,能够提升图书馆服务水平,有助于图书馆保障公众平等获取文献信息的权利和终身教育的目标。

其次,有利于促进图书馆转型。新技术的发展和应用促进人们改变阅读习惯,也对图书馆服务提出了新的要求,图书馆转型势在必行。数字网络时代的图书馆不应只是被动地提供资源和服务、提供社会教育、提供传统的文献信息服务,而应该主动地提供空间和平台、注重培育公众数字素养,挖掘和组织文献中的知识,满足读者多元化、深层次的需求。因此,阅读推广是图书馆发展的新趋势,是图书馆的核心工作,也是图书馆自身发展的需要,与现在的环境十分契合,虽然人们已经习惯从网络上获取信息,但是仍有很多人希望在网络时代能够从图书馆中获取各种准确的信息。

(四)对我国图书馆阅读推广规范的建议

从我国图书馆阅读推广存在的问题以及国外图书馆阅读推广实践可以看出,图书馆阅读推广规范已成为当前需要着重解决的问题,其目标在于让图书馆阅读推广走向制度化、组织化、体系化、程序化、规范化。构建我国图书馆阅读推广规范体系需要多方努力、共同协作,借鉴国外的先进经验,结合我国的具体国情进行本土化建设,而不是简单的"照搬",利用战略规划、法律法规、制度规定、行业指导、评估评价、技术标准等多种手段,加强制度性规范、实施性规范、监督性规范和技术性规范,共同提升图书馆阅读推广活动的效果、效率,促进全民阅读和图书馆事业的发展。

1.图书馆阅读推广制度性规范

首先,将全民阅读纳入国家战略规划。我国应将全民阅读纳入国家长期战略规划,进一步在国家层面加强顶层制度设计,保障图书馆阅读推广能高效、持续、长久地发展。由全国全民阅读领导小组办公室负责统筹、协调、调动、整合社会资源,规划、协调、推动阅读推广工作,同时明确图书馆在阅读推广的组织、实施过程中的重要地位与作用,加大对图书馆阅读推广的支持力度,这样图书馆阅读推广才能良性发展,图书馆也可以从中受益。

其次,制定阅读推广的专门法和相关法。明确并阐释全民阅读的基本原则,巩固图书馆作为阅读推广的主体地位,对一些具体操作事项进行相应的规定,为图书馆开展阅读推广活动提供保障和支撑。此外,阅读推广相关法中还应加入整体性评估标准和绩效评估等内容,以检验、评价阅读推广的实施情况,提高图书馆阅读推广活动的效率。

再次,制定阅读推广配套政策。各级政府和相关机构应依据相关法律精神,加强对图书馆阅读推广的政策引导和支持,积极制定系统、具体、有针对性的图书馆阅读推广配套政策、规划、计划、方案等,为相关法律法规的实施提供辅助。同时,应对图书馆开展阅读推广活动与服务做出合理的认可,提供政策、资源、资金、人才、设施等,为图书馆阅读推广提供稳定、持续、长期的支持,进一步保障和促进图书馆阅读推广的长效、健康发展。

2. 图书馆阅读推广实施性规范

首先,完善图书馆管理机制。完善的图书馆管理机制是保障图书馆阅读推广持续发展的根本。因此,图书馆应将阅读推广纳入长期发展战略,并建立和完善相关管理机制。一方面,要建立和完善法人治理结构,充分发挥理事会的作用,制定和完善阅读推广相关章程。另一方面,在行政机构的设置上,设立阅读推广部门并配备专业图书馆馆员,建立阅读推广人培养机制,夯实图书馆阅读推广的制度基础、机构基础、人才基础。

其次,加强图书馆行业指导。中国图书馆学会和各级图书馆学会作为图书馆行业性组织,应承担起对全国各级各类图书馆阅读推广工作的指导责任,在阅读推广专业委员会的指导下,加强阅读推广的实施规范指导,深化阅读推广工作规律研究,制定图书馆阅读推广行业规范,构建阅读推广业务指导机制,加强对区域内阅读推广工作的协调,出台图书馆阅读推广活动指南,加大图书馆馆员的业务技能培训等。制定阅读推广组织实施框架和具体操作流程,编制图书馆阅读推广工作指南,推介精品案例项目模式,设计评估评价标准,为图书馆阅读推广提供科学性、专业性、规范性的指导。加强图书馆职业伦理构建,有效地指导、促进阅读推广。图书馆人要认识到图书馆阅读推广是一种解决方案,不把图书馆阅读推广与一般社会组织的阅读推广、知识界对阅读的倡导行为相混淆,保持图书馆阅读推广的自觉性。

再次,形成图书馆阅读推广操作规范。阅读推广工作的流程化与规范化是图书馆阅读推广实施性规范的重要内容,应对阅读推广进行项目管理或过程管理。图书馆开展阅读推广活动要有严谨的活动策划、充分的前期准备、及时的宣传报道、有效的实施流程以及长期的活动支持。只有阅读推广的内容明晰,业务流程规范,业务操作有章可循、有规可依,才能保障图书馆阅读推广活动的质量与效果。同时,图书馆还应注意对阅读推广活动进行划分,哪些属于品牌型活动,哪些属于常规型活动,哪些属于项目型活动,哪些属于衍生阅读推广活动,清晰地界定与划分活动类别,并针对不同类别的阅读推广活动采用不同的业务流程,最终实现阅读推广的规范操作,保障阅读推广活动的实施效果,打造阅读推广品牌。此外,图书馆馆员应担负起指导阅读的责任,对读者进行阅读指导。

3.图书馆阅读推广技术性规范

首先,应用新媒体技术。随着信息技术的应用与读者文献信息(尤其是数字资源)的需求在不断地增长,图书馆阅读推广活动不能只采用传统的活动宣传手段和服务推广方式,应加大与阅读推广相关的新技术、新载体、新设备的开发与应用力度。在图书馆阅读推广的过程中,应注重运用新媒体技术,扩大阅读推广的受众范围、丰富阅读推广的形式、增强阅读推广的实施效果、深化阅读推广的内容。图书馆阅读推广的重点是深入挖掘阅读推广客体的内容,把握文献中知识的运动规律,点名信息点和知识点,实现传统服务向智能服务、资源推荐向知识推荐的转变,最大限度地发挥文献信息资源的价值。例如,曼索·罗德里格斯等人对西班牙部分公共图书馆等机构推出的阅读推广技术工具进行了考察,分析了网络环境下的读书俱乐部开展阅读推广的特点,认为这些活动充分利用了博客、社交网络来进行共享,可以在所有图书馆大力推广这种方式。

其次,制订技术标准。随着新技术、新载体、新设备在图书馆阅读推广中的应用,需要制定明确的图书馆阅读推广技术标准,拓展阅读推广的渠道与技术方式,加强大数据、关联数据、虚拟现实技术等在图书馆阅读推广中的应用,引导和规范读者网络阅读行为,提升图书馆阅读推广的效果以及内容的深度。在阅读推广的形式上,注重多媒体、自媒体、大数据分析、网络直播、虚拟现实、在线互动等信息技术的运用,积极运用微博、微信、手机 APP 等社交网络平台开展线上线下活动,并规范活动流程。在阅读推广内容的组织和开发上,加强对阅读推广客体(文献)的开发程度,对文献中的知识进行聚合,在文献间形成知识链接,为读者提供深入的、主动式的智能导航服务,明确规范服务要求和技术标准。

在当前全民阅读的大环境下,图书馆阅读推广规范的全面建立势在必行,建立完整的图书馆阅读推广规范体系需要付出很多努力、花费较长时间,又要掌握好"度"的问题。图书馆阅读推广规范既不能成为"一刀切"的强制规定,又不能违背图书馆的知识中立立场。应充分运用文献信息学的理论、方法和技术,加强对阅读推广实践的指导,通过规范更好地推动图书馆阅读推广健康、长远地发展。

第四节　完善图书馆监督评价制度

《公共图书馆法》第四十七条规定,国务院文化主管部门和省、自治区、直辖市人民政府文化主管部门应当制定公共图书馆服务规范,对公共图书馆的服务质量和水平进行考核。考核应当吸收社会公众参与。考核结果应当向社会公布,并作为对公共图书馆给予补贴或者奖励等的依据。《公共图书馆法》对图书馆的考核评价机制进行了改革与完善。第一,明确了政府要依法考核的理念,形成国家和各级政府路径相对统一的考核评价机制,并为图书馆的服务质量和服务水平提供基本的理论依据。第二,打破了传统的考核评价格局,落实了《中华人民共和国公共文化服务保障法》确立的公众参与公共文化服务考核评价制度,体现了公共文化服务以人民为中心、以百姓的需求为出发点和落脚点的思想。第三,公开透明的考核评价结果有利于图书馆及时调整服务方式,有利于社会公众对图书馆基础业务工作以及阅读推广服务等工作的了解和监督,对图书馆事业的发展有促进和激励作用。第四,政府可以根据图书馆的综合考核评价结果给予必要的奖励和补贴,提高图书馆服务的主动性、积极性和创造性,进而更好地保障公民的公共文化权益。

一、图书馆阅读推广的考核评价制度

保障公民的阅读权利是一个动态过程,阅读权利的实现需要效果的评价机制,构建图书馆阅读推广的考核评价机制,一方面可以依托图书馆服务标准化,设计图书馆评价内容指标体系,构建长效的管理机制;另一方面可以改进图书馆服务质量评测,提升整体服务效能。在实践中,一些图书馆几乎将所有的读者活动都算作阅读推广活动,缺乏对阅读推广活动的整体策划、活动设计、实施细节、宣传推广、效果反馈等方面的评估评价。阅读推广实际上是一个动态循环过程,完整的图书馆阅读推广活动应包括对活动实施的效果评价。图书馆阅读推广的考核评价制度就是用科学的研究方法、标准以及程序对图书馆保障公民阅读权利进行客观、精准的评价,保证图书馆制度的公平。图书馆阅读推广的最终目标是提升文献的借阅和利用指标,让更多的人了解图书馆、走进图书馆、利用图书馆,改变公众对图书馆服务的认知和评价。因此,应将阅读推广活动相应的阅读指标、活动影响力标准、成效评估体系等方面的内容应用到图书馆评估中。阅读推广的考核评价制度可以作为图书馆调整阅读推广工作内容、保障实施、活动效果的有效参考和依据,是促进图书馆阅读推广活动改进与完善的"利器",有助于准确掌握阅读推广活动的实施效果以及由此带来的社会效益。

构建图书馆阅读推广的考核评价制度,一方面可以有效地追踪阅读推广活动的实施效率和效果,并根据评价结果及时地对活动进行改进和完善,通过引入竞争机制有效地提升阅读推广的实施效率和效果;另一方面,可以根据评价为战略规划制定、活动的策划和延续提供有力的依据。IFLA 在《在图书馆中用研究来促进识字与阅读:图书馆馆员指南》中指出,研究能够帮助图书馆馆员有效收集数据和实施测评,帮助图书馆馆员提高推广效率,不断进步和增进影响。虽然文化部在图书馆评估定级指标中设有"阅读推广活动"指标,但是有必要对该指标进行细化,细化评估标准,增加指标权重。

从长远角度考虑,在编制成效评价标准时,应将阅读推广作为图书馆的主要服务内容纳入政策规范文件、图书馆职业价值体系以及相关宣言、声明文件中,并在图书馆服务的预算、控制、考核、评估等方面引入阅读推广细化指标和评分标准。此外,设计阅读评价指标体系,运用科学的方法、标准以及程序,对阅读推广主体和评定任务有关的绩效信息进行收集、观察、组织、提取、整合,并尽可能地做出精准评价,准确地反映出图书馆阅读推广实施效果。目前,图书馆领域尚未有阅读推广效果评价方面的内容,阅读推广策略和行动方案的制定主要靠政策导向和主观性判断。

图书馆阅读推广评价内容应包括全民阅读和阅读推广相关法律法规的落实和实施情况,阅读推广相关设施设备的建设、管理和使用情况,阅读推广资源的配置和利用情况,阅读推广活动效果和读者满意情况等。同时,图书馆阅读推广评价机制还应发挥缩小地区、城乡、馆际等差距的导向作用,重点关注对基层阅读推广的设备设施、资源建设、服务开展和读者参与等方面的评价,引导阅读推广活动和服务覆盖农村、社区,引导基层阅读推广活动规范化。构建图书馆阅读推广评价机制时应注意:首先,评价的主体可由社会第三方机构来担任,保证结果的真实、有效;其次,图书馆要针对评价结果进行认真的研究、反思,对相应的服务进行积极的调整与改进;再次,评价方式要多样、渠道要畅通、反馈要及时,充分发挥监督作用。笔者借鉴国外阅读推广评价的经验,通过总结归纳我国阅读推广活动过程中的不同标准,梳理出当前阅读推广评价指标体系中较常用的指标,见表4-1。

表4-1　图书馆阅读推广常用评价指标体系

一级指标	二级指标	解释内容
阅读推广理念	使命责任	公益、平等、免费
	活动目的	提升参与者的信息素养
阅读推广实施	活动策划	专业的策划团队或图书馆专门的阅读推广部门对活动进行整体策划
	活动主题	紧扣政策、纲领,主题积极向上、与时俱进
	活动宣传	活动前期的宣传与推介
	活动参与对象	弱势群体、亲子类、普通成人、专技类等
	活动人数	针对不同活动规模,控制一定的参加人数
	活动形式	传统型、数字型
	活动时间	常态型、集中型
	活动地点	室内、室外
阅读推广内容	推荐书目类	书目推介、图书专架、书评、书友会、读书沙龙等
	展览培训类	各种展览、面向读者和图书馆馆员的各类培训等
	竞技活动类	各类知识竞赛、摄影竞赛、书标设计等
	阅读指导类	阅读指导课、扶老上网等
	专题活动类	真人图书馆、经典诵读、阅读节、文化节等
	出版物类	新书首发、内部出版,如馆刊简报、公开出版的图书等
	网络媒体类	微博、微信、短视频、公众号、网站、APP 等

续表

一级指标	二级指标	解释内容
阅读推广保障	政策保障	全民阅读和阅读推广相关法律法规政策的落实和实施情况
	人员保障	专业人员比例,整体参与人员的数量
	经费保障	必要的活动经费,可多方参与合作
	技术保障	设施设备、技术能力与技术水平
	资源保障	与活动相关的各类资源配置和利用情况
	突发事件保障	天气、人员变化、现场管控等
阅读推广成效	参与人数	是否达到预期的参与人数
	预期目的	是否达到预期的活动目的
	活动影响力	活动成效、媒体反馈、获奖情况等
阅读推广总结与反馈	活动总结	文字总结、照片、视频、新闻报道等的收集整理
	读者满意度	通过调查问卷或现场访谈等方式收集读者对活动的满意程度
	组织者满意度	开会总结对活动的整个实施过程的满意程度
	合作方满意度	主动与合作方沟通,反馈活动的满意程度

二、图书馆法人治理结构的监督评价制度

图书馆是保障公民平等、自由、免费地获取文化权益的制度安排,维护公民的基本阅读权益,是现代图书馆公益性的重要体现。党的十八届三中全会在推进文化体制改革的顶层设计中,建议公共图书馆引入理事会制度,建立图书馆的法人治理结构。法人治理结构的核心是把图书馆的决策权、执行权以及监督权分配到不同的组织或个人,并且不同的组织或个人之间的权力在合理的范围内相互制衡,这种权力相互制衡的目的就是监管,对理事会和法人治理结构进行有效的监管,保障图书馆事业健康有序地发展。

(一)图书馆法人治理结构的监督机制

首先,建立绩效评估机制。图书馆理事会应当按照民主科学的原则,规范理事会的章程,建立科学完善的绩效评估机制。这样不仅可以通过绩效评估机制判断图书馆法人代表在一定时期内的履职情况,还可以促进图书馆法人代表依据绩效评估的结果对图书馆的发展方向做出科学的决策,对保障公民基本文化权益做出准确的判断。

其次,建立信息公开机制。信息公开机制是为了解决图书馆中存在的信息不对称现象。信息不对称会导致公众在获取信息资源的过程中出现不公平、不公正和不民主的情况。因此,为了让决策者、投资者、利用者等能够及时、全面地了解图书馆的实际运行状况和管理情况,并加强对图书馆内部各方面事务的监督与管理,需要建立信息公开制度,这是建立和巩固文明社会的基础,也是民主社会建设的重要体现,保障公民的知情权、隐私权。

再次,建立责任追查机制。"问责制"是追究责任事故、责任事件的机制,对图书馆理事会、执行层和决策层能够依法、依规、依章行使职权等发挥着重要的威慑作用,厘清政府、理事会和图书馆之间的利益和责任关系,并明确规定各自的权责范围。制定责任追查的相关流程,对不符合规定的责任行为要有明确的判断标准和奖惩标准,树立图书馆公共文化服务窗口的文明形象。

(二)图书馆法人治理结构的评价指标体系

图书馆法人治理结构的评价指标体系是研究法人治理结构的重要内容,科学合理的图书馆法人治理结构的评价指标体系是图书馆事业不可或缺的重要组成部分。因此,建立图书馆法人治理结构的评价指标体系对图书馆的战略规划、发展方向和法人治理结构具有重要意义。图书馆引入法人治理模式以后,其运行效率有了明显的提高,社会影响力也明显扩大,理事会制度的有效运营管理可以提高图书馆内部的业务水平和管理能力,公众在图书馆可以高效、便捷地获取文献资源,保障公民的文化权益。笔者通过总结归纳我国图书馆法人治理结构监督评价的相关标准,梳理出当前法人治理结构指标体系中较常用的监督评价指标,见表4-2。

表 4-2　图书馆法人治理结构的评价指标体系

一级指标	二级指标	解释内容
理事会结构	人员结构	理事会成员组成,包括学历、年龄、职务等
		理事会成员专业背景
	职能结构	机构设置
		机构功能
理事会运营管理	理事会相关规定	理事会章程
		理事会规模
	理事会信息交流	定期举办理事会会议
		理事会与管理层的交流
		理事会与决策层的交流
		理事会与监督层的交流
	理事会监管情况	理事会成员权责明确
		理事会运营计划与总结
		理事会财务管理情况
		理事会服务质量情况
理事会反馈结果	社会评价	读者满意度
		图书馆馆员满意度
	愿景展望	战略规划与发展方向
		功能定位

三、图书馆服务的监督评价制度

图书馆作为公共文化服务机构,需要确定图书馆服务的政府主体责任,明确图书馆服务的监督渠道,除了图书馆内部在服务质量与服务效益的自我评估和来自政府等上级部门自上而下组织的监督和管理之外,还应有来自第三方客观、专业、独立、公平的监督和管理模式。现阶段,来自第三方的评估是图书馆服务管理中比较薄弱的环节。政府主导的自上而下的监督评价制度囿于图书馆馆员内部知识结构的局限、主观意识的影响以及评估方法、评估流程的设置,可能存在不客观、不合理、不科学的情况。因此,第三方评估能够弥补图书馆内部自我评估的不足,作为一种外部的评估机制,它可以促进图书馆内部自我评价向更加科学、合理、规范的方向健康发展。健全与完善图书馆服务的监督评价制度,可以满足公民对基本文化权益的合理诉求,保障公民的基本阅读权利。

(一)图书馆引入第三方监督评价制度的必要性

首先,图书馆引入第三方监督评价制度可以强化"自由民主,以人为本"的服务理念。监督评价的第三方可以是企事业单位、社会组织、专业性较好的调查咨询公司,还可以是公民个人(如图书馆的读者),第三方不隶属于政府。随着社会的有序发展,公民参与社会公共文化服务治理体系的意识日益增强,民众深刻地感受到提升图书馆服务效能的重要性,这也会促进图书馆转变服务理念,时刻将"平等免费,专业高效,以人为本,读者至上"的服务思想落到实处,将第三方评估的结果与图书馆工作有机结合,切实保障公民的阅读权益。

其次,第三方监督评价制度是图书馆内部评价的必要补充,是促进图书馆良性发展的外部因素。第三方评价机构与图书馆、政府之间不存在直接的利益关系,可以从公平、正义的角度对图书馆产生的社会效益、经济效益和信息生态效益进行评估,最终的测评结果可以客观、真实地反映出图书馆的服务质量与服务水平。引入第三方的监督评价制度,既可以打破传统评估中的"面子工程",提升政府的公信力,还可以建立一种"第三方评估机构参与、政府和图书馆等接受测评结果、政府和图书馆依据评估结果改进工作模式"的良性循环的激励机制。图书馆将评估结果与图书馆预期目标进行对照,找到实际工作中存在的问题与差距,虚心接受并提高工作效率与工作质量,满足人民群众日益增长的精神文化需要。

再次,图书馆引入第三方监督评价制度,有利于提升图书馆的服务效能,是保障公民基本阅读权利的需要。公民的阅读权益是最基本的公共文化服务权益,公民通过参与图书馆的监督评价机制,可以根据个人在利用图书馆的过程中、参加图书馆开展的各项阅读活动以及接受图书馆各类文献信息资源时的切身感受,对图书馆的服务种类、服务方式、服务制度、馆员信息素养等多方面进行监督和评估,给出中肯的建议或意见。图书馆参照公民指出的图书馆服务中的缺点和不足,提出优化服务模式的改进措施,不断提高图书馆的综合服务质量,满足公民的基本文化需求,保障公民的基本阅读权利,提升读者对图书馆服务质量、服务水平和综合服务效能的满意度。

(二)第三方监督评价的主要内容

第三方评估的主体既可以是团体也可以是个人,因此第三方的评估模式并不是单一的,包括企事业单位评价模式、专业的调查咨询公司评价模式、社会组织评价模式、社会个人参与的评价模式等。图书馆依据不同的评估内容或评估规模选择不同的评估模式,但对第三方评估机构来说,其核心要素应该是自身的综合素质与专业能力。第三方评估的专业性、客观性与独立性可以减少政府与图书馆的互相依附性,从而提高评估的正义性。

一份科学、全面的图书馆服务监督评价内容包括以下几个方面:

第一,图书馆应对第三方机构进行深入的了解,确保第三方机构的合法性与专业性,并对第三方机构提供的评价指标和标准做出信度与效度分析,以保证评估结果的可信性。

第二,第三方机构制定评估方案。第三方机构根据预期的评估目标确定评估专家组人员、评估方法和评估指标,这一环节决定了评估数据的可信性与评估结果的真实性、合理性。

第三,第三方机构根据评估方案进行评估,收集图书馆评估的相关数据,坚持评估的互相监督、灵活开放、科学保障等原则。图书馆在第三方机构规定的时间内,如实向第三方机构提供自我评估报告和相关资料。

第四,第三方评估机构的评估专家组按照评估标准对图书馆提交的自我评估报告和相关资料进行审核,如果资料审核未通过,第三方机构不再对其进行实地考核,评估结果为不达标。如果图书馆的资料审核为合格、良好或优秀,在保证评估结果公正性的前提下,第三方机构需对图书馆进行实地考核。

第五,在第三方机构对图书馆进行实地考核达标后,综合图书馆自我评估报告和第三方机构实地考核结果,利用相关评估技术和方法开展分析研究,最终在约定的时间内交付评估报告。

图书馆的服务监督评价制度需要引入第三方机构进行客观、真实的评价,这种形式可以鼓励社会公众参与其中,通过保障公民的知情权和监督权,提升图书馆的公信力和执行力,从而扩大图书馆阅读空间的影响力。

第五章　结语

第一节　研究结论

本书对我国图书馆保障公民阅读权利进行了深入的研究,得出了以下结论:

第一,本书以知识自由理念、社会公正理念、公共产品等重要理论为基础,体现出社会主义核心价值观和图书馆历史使命。图书馆作为重要的公共文化设施,在保障人民群众基本文化权益方面具有重要的作用,着力加强图书馆服务体系建设,建立健全相关管理制度,提高图书馆服务效能,更好地发挥图书馆功能,保障和促进图书馆事业健康有序发展。

第二,对现阶段图书馆制度建设和公民阅读权利现状进行实证研究,对调研数据进行多维度分析,通过横向比较和竖向比较,比较全面地反映图书馆在保障公民阅读权利方面的真实情况,为后续的相关研究提供扎实的数据基础。

第三,从宏观层面和实践层面对图书馆保障公民阅读权利进行探讨。图书馆作为保障公民基本阅读权利的一种制度安排,为公民提供必要的、完善的、高效的、优质的公共文化服务。对图书馆制度进行深入的研究,有助于改善弱势群体阅读权利缺失、阅读设施配置不均衡等问题,为营造良好的全民阅读环境和提升全民阅读素养提供坚实的理论基础和服务模式,推动现代公共文化服务体系全面发展。

第二节 研究展望

本书立足于公共图书馆制度,从公民阅读权利切入,研究取得了一定的成果,但限于一些因素的影响,还存在诸多薄弱之处,需要未来继续深入研究,具体内容包括:

第一,开展大规模的成年人和图书馆馆员关于保障阅读权利的相关调查。本书因人力、物力有限,调查范围和调查深度存在一定的局限性,影响了调查结论的适用性和准确性。因此,需要开展覆盖范围更广的社会调查,加强调查内容的细分程度,深入了解图书馆在保障公民阅读权利方面的不足,为制度保障和策略改进提供更为坚实的基础。

第二,需要对构建和优化保障公民阅读权利的图书馆制度进行深入的研究。作者在基层图书馆工作多年,尽管具有图书馆的基层实践经验,但对图书馆的宏观管理层面的把握还不是很到位,因此在提出构建和优化保障公民阅读权利的图书馆制度研究方面有欠缺,如在图书馆考核评估机制研究方面还不够充分,缺乏科学的评估指标,对综合评价图书馆的服务能力尚存在不足,所以这些欠缺与不足将成为今后进一步研究的重要内容。

第三,缺乏心理学领域与技术层面的相关研究。本研究范围较广,涉及的相关领域也较多,如图书馆学、政治学、教育学、社会学、法学等,但从研究内容来看,缺少以心理学视角和技术层面的深入研究,在研究的深度和广度方面还需加强。

附　　录

附录1　公民阅读权利情况调查表
（基于成人读者的基本情况调查）

第一部分:基本信息

1.您的性别：

□男　□女

2.您的年龄：

□16～19岁　□20～29岁　□30～39岁　□40～49岁　□50～59岁
□60岁或60岁以上

3.您的受教育程度：

□高中以下　□专科　□本科　□研究生

4.您的家庭人均月收入(单位:元)：

□2000以下　□2001～5000　□5001～8000　□8001～10000　□10001～
15000　□15000以上

5.您目前或退休前的职业：

□企业职工　□机关事业单位人员　□军人　□教师　□医药行业　□
务农□学生

□个体经营者　□自由职业者　□全职主妇或丈夫　□失业在家　□其他_____

第二部分：阅读行为

6. 您去图书馆的频率是：

□每天　□每周 1~2 次　□每月 1~2 次　□偶尔去　□其他_____

7. 您到最近的图书馆用时是：

□少于 15 分钟　□15~30 分钟　□0.5~1 小时　□1~2 小时　□2 小时以上

8. 您的阅读目的是（可多选）：

□升学需要　□工作需要　□学术研究　□娱乐休闲　□增长知识　□了解时事　□其他____

9. 您的阅读兴趣主要是（可多选）：

□图书　□报纸　□杂志　□各类数字资源（如数据库）　□图书馆印发的内部阅读资料　□其他____

10. 您在图书馆可以找到的信息包括（可多选）：

□专业知识　□政府信息　□活动宣传信息　□培训班信息　□地方文献类信息

□普及图书馆知识的信息　□生活类信息（如健康、工作等）　□其他_____

11. 您每天平均阅读时间是：

□不到 0.5 小时　□0.5~1 小时　□1~2 小时　□2 小时以上

12. 您通过图书馆获取阅读资源的途径包括（可多选）：

□馆藏目录查询　□咨询图书馆馆员　□图书馆移动 APP　□图书馆微信　□图书馆微博　□图书馆主页　□其他_____

13. 您的阅读内容主要包括（可多选）：

□时事政治　□财经法律　□文学历史　□教育文化

□自然科技　□保健养生　□各类工具书　□其他_____

14. 您的阅读地点是(可多选):

□图书馆/图书室　□家　□单位　□学校　□公共场所　□书店　□其他_____

第三部分:读者权利

图书馆可以保障您的受教育权、公共借阅权、信息获取权,也可以保障您的隐私权、知识共享权,还可以满足您的知情权、阅读休闲权等基本的阅读权利。您觉得您所在的图书馆是否可以保障公民以下的基本权利,请您在相应的选项中打"√"。

您所在的图书馆是否可以保障公民以下的基本权利?	是	否	不知道
15. 您在图书馆是否可以自由平等地享有基本阅读权	□	□	□
16. 您在图书馆是否可以享有基本的受教育权	□	□	□
17. 您在图书馆是否可以享有公共借阅权	□	□	□
18. 您的信息获取权在图书馆是否可以得到保障	□	□	□
19. 您的隐私权在图书馆是否可以得到保障	□	□	□
20. 您的知识共享权在图书馆是否可以得到保障	□	□	□
21. 图书馆是否可以满足您的知情权	□	□	□

第四部分:读者满意程度

读者满意程度可以体现图书馆的服务效能,现列出以下几种图书馆服务,请您根据实际情况,对图书馆服务进行满意度评价,请在相应选项中打"√"。

您对以下图书馆服务满意吗?	非常满意	满意	一般	不满意	很不满意
22. 您对图书馆提供的纸质资源	□	□	□	□	□
23. 您对图书馆提供的电子资源	□	□	□	□	□
24. 您对图书馆举办的阅读推广活动	□	□	□	□	□

25.您对图书馆提供的阅读环境	☐	☐	☐	☐	☐
26.您对图书馆提供的阅读设施	☐	☐	☐	☐	☐
27.您对图书馆馆员的服务素养	☐	☐	☐	☐	☐
28.您对图书馆制定的规章制度	☐	☐	☐	☐	☐

附录2　图书馆保障公民阅读权利情况调查表
（基于图书馆馆员的基本调查）

第一部分：基本信息

1.您的性别：

☐男　☐女

2.您的年龄：

☐20～29 岁　☐30～39 岁　☐40～49 岁　☐50～59 岁　☐60 岁或 60 岁
以上

3.您的受教育程度：

☐高中以下　☐专科　☐本科　☐研究生

4.您的单位性质：

☐国家图书馆　☐省级图书馆　☐市级图书馆　☐县级市/区图书馆
☐社区/街道图书馆(室)

5.您在单位的职务：

☐基层馆员　☐中层干部　☐管理层

6.图书馆所在区域：

☐东部　☐中部　☐西部

7.您的家庭人均月收入(单位:元):

□2000 以下　　□2001~5000　　□5001~8000　　□8001~10000

□10001~15000　　□15001~20000　　□20000 以上

第二部分:图书馆利用情况

8.您所在的图书馆可以提供的信息包括(可多选):

□专业知识　　□政府信息　　□活动宣传信息　　□培训班信息　　□地方文献类信息

□普及图书馆知识的信息　　□生活类信息(如健康、工作等)　　□其他_____

9.您所在的图书馆为读者提供的获取信息的途径包括(可多选):

□馆藏目录查询　　□咨询图书馆馆员　　□图书馆移动 APP　　□图书馆微信

□图书馆微博　　□图书馆主页　　□其他_____

10.您所在的图书馆提供的阅读推广活动包括(可多选):

□未成年人读者活动　　□讲座、展览、培训　　□老年人读书活动(如扶老上网等)　　□残障人士活动

□进城务工人员活动　　□内部资料宣传、推荐书目　　□书友会　　□其他_____

11.您认为您所在的图书馆提供的纸质资源:

□很丰富　　□丰富　　□一般　　□不丰富　　□很不丰富

12.您认为您所在的图书馆提供的电子资源:

□很丰富　　□丰富　　□一般　　□不丰富　　□很不丰富

13.您认为您所在的图书馆开展的阅读推广活动:

□很丰富　　□丰富　　□一般　　□不丰富　　□很不丰富

14.您认为您所在的图书馆阅读空间:

□很好　　□好　　□一般　　□不好　　□很不好

15.您认为您所在的图书馆阅读设施:

□很好　　□好　　□一般　　□不好　　□很不好

16. 您认为您所在的图书馆馆员信息素养:

□很好 □好 □一般 □不好 □很不好

第三部分:图书馆保障制度

图书馆可以保障公民基本的受教育权、公共借阅权、信息获取权等,也可以保障公民的隐私权、知识共享权、知情权、基本的阅读权利等。您觉得您所在的图书馆是否可以保障公民以下的基本权利,请您在相应的选项中打"√"。

您所在的图书馆是否可以保障公民以下的基本权利?	是	否	不知道
17. 您所在的图书馆是否可以自由平等地满足公民的基本阅读权	□	□	□
18. 您所在的图书馆是否可以保障公民基本的受教育权	□	□	□
19. 您所在的图书馆是否可以保障公民的公共借阅权	□	□	□
20. 您所在的图书馆是否可以保障公民的信息获取权	□	□	□
21. 您所在的图书馆是否可以保障公民的隐私权	□	□	□
22. 您所在的图书馆是否可以保障公民的知识共享权	□	□	□
23. 您所在的图书馆是否可以满足公民的知情权	□	□	□

第四部分:图书馆制度建设

您所在的图书馆是否已具有以下相关的图书馆制度建设,请在相应的选项中打"√"。

您所在的图书馆是否已具有以下相关的图书馆制度建设?	是	否	不知道
24. 您所在的图书馆是否已建立法人治理结构	□	□	□
25. 您所在的图书馆是否已成立阅读推广部门	□	□	□
26. 您所在的图书馆是否有阅读推广相关规范或标准	□	□	□
27. 您所在的图书馆是否已成立学术委员会或学术研究部门	□	□	□

28. 您所在的图书馆是否经常为图书馆馆员提供专业培训与辅导	☐	☐	☐
29. 您所在的图书馆是否已设立文化志愿者保障制度	☐	☐	☐
30. 您所在的图书馆是否与行业协会或社会组织合作	☐	☐	☐
31. 您所在的图书馆与其他成员馆是否已建立图书馆联盟	☐	☐	☐
32. 您所在的图书馆是否已建立阅读推广评估体系	☐	☐	☐

参考文献

[1]卢云辉.《中华人民共和国公共图书馆法》的现实价值及立法启示[J].图书馆建设,2018(2):17-22.

[2]程亚男.走向权利的时代:读者权利百年演变[J].图书馆,2004(3):4-6.

[3]蒋永福.信息能力平等、信息公平与公共图书馆制度[J].图书馆学研究,2006(1):2-6.

[4]雷云.图书馆制度资源体系构建及配置研究[J].中国图书馆学报,2002(2):85-87.

[5]刘鑫,张鑫,徐婕.保障公民阅读权利的图书馆制度建设研究[J].图书馆研究与工作,2020(1):17-21.

[6]杨文建.图书馆移动阅读推广面临的障碍及对策[J].新世纪图书馆,2014(9):24-27,32.

[7]赵文军,任剑.移动阅读服务持续使用意向研究——基于认知维、社会维、情感维的影响分析[J].情报科学,2017,35(8):72-78.

[8]刘鑫.阅读立法环境下的公民阅读权利保障研究[J].河南图书馆学刊,2018,38(4):135-137.

[9]霍瑞娟.新环境下社会力量参与公共图书馆管理运行创新研究[J].图书馆学研究,2017(9):19-23.

[10]洪伟达,马海群.图书馆阅读推广规范研究[J].图书情报知识,2018(1):36-43.

[11]许安标,钱锋,杨志今.《中华人民共和国公共图书馆法》释义[M].北京:中国民主法制出版社,2018.

[12]陈琰.闲暇是金——休闲美学谈[M].武汉:武汉大学出版社,2006.

[13]林语堂.读书的艺术[M].呼和浩特:内蒙古人民出版社,2004.

[14]周刚志,钱宁峰,管华.弱势群体宪法权利研究[M].北京:中国政法大学出版社,2017.

[15]蒋永福.现代公共图书馆制度研究[M].北京:知识产权出版社,2010.

[16]金博,李金玉,雷丽平,等.残疾人保障立法研究[M].北京:中国政法大学出版社,2017.

[17]于良芝,许晓霞,张广钦.公共图书馆基本原理[M].北京:北京师范大学出版社,2012.

[18]陆晓曦."公共文化服务保障法"立法支撑研究[M].北京:国家图书馆出版社,2016.